Ulrike Hagen

Eingemacht

Wundervolle Vorratsküche

Auflage:
2020 2019 2018 2017
4 3 2 1

E-Mail: loewenzahn@studienverlag.at
Internet: www.loewenzahn.at

Umschlag- und Buchgestaltung: Johanna und Stefan Rasberger, www.labsal.at
Grafische Umsetzung: Gudrun Platzl, www.eine-augenweide.com
Fotografien: Alexander Bayer, www.vision-fotostudio.ch
Foodstyling und Dekorationen: Ulrike Hagen

Gedruckt auf umweltfreundlichem, chlor- und säurefrei gebleichtem Papier.

Bibliografische Information Der Deutschen Bibliothek
Die Deutsche Bibliothek verzeichnet diese Publikation in der Deutschen Nationalbibliografie; detaillierte bibliografische Daten sind im Internet über <http://dnb.ddb.de> abrufbar.

ISBN 978-3-7066-2617-0

Ulrike Hagen

Eingemacht

Wundervolle Vorratsküche

löwenzahn

FÜR MAMA UND OMA
MEINE KULINARISCHEN VORBILDER,
DIE MIR DIE LIEBE UND LEIDENSCHAFT FÜRS KOCHEN
IN DIE WIEGE GELEGT HABEN.

Inhalt

GENIALE DIPS & SAUCEN

MEINE CRAZY SPECIALS

ZAUBERHAFTE MARMELADEN

WUNDERVOLLE FRÜCHTE

ENTZÜCKENDE SIRUPS & LIKÖRE

Liebe Leserinnen und Leser,

wenn Sie von diesem Buch ein konventionelles Einmachbuch erwarten mit möglichst vielen verschiedenen Rezepten, alle rund ums Einmachen, Einkochen, Einwecken, Einlegen … dann muss ich Sie gleich vorweg enttäuschen.

Wahrscheinlich haben Sie ohnehin schon einige Seiten überflogen und gemerkt, dass die Bilder nicht nur Eingemachtes zeigen, sondern ganz „normale" Gerichte wie in einem ganz „normalen" Kochbuch. Nun, genau das war auch mein Plan. Ich wollte Ihnen nicht nur Rezepte von eingemachten Früchten, eingelegtem Gemüse, Marmeladen und Chutneys zeigen, sondern auch, was Sie mit dem ganzen Eingemachten, Eingekochten, Eingeweckten, Eingelegten alles zaubern können, wenn Sie mögen.

Und so finden Sie in diesem Buch nicht mehr und nicht weniger als meine absoluten Lieblingsrezepte rund ums Einmachen, Einkochen, Einwecken, Einlegen und dazu, ganz einfach, wundervolle Rezepte drumherum.

Machen Sie mit mir eine kulinarische Reise durch die Welt. Lassen Sie sich verführen von den atemberaubenden Aromen der indischen Küche, bezaubern von fernöstlichen Gaumenfreuden, betören von orientalischen Düften und berauschen vom mediterranen Lebensgefühl. Entdecken Sie mit mir Geheimnisse britischer Leckereien, tanzen Sie mit mir zu lateinamerikanischen Klängen durch die Küche und zeigen Sie mit mir den harten Kerlen, dass auch Ladies was von BBQ verstehen.

Meine geliebte Heimat Österreich kommt dabei nicht zu kurz. Dafür schätze ich unsere Küche in ihrer Reichhaltigkeit und Vielfalt einfach zu sehr! Die Küche meiner Mama und meiner Großmütter ist für mich der Mittelpunkt, von dem alle Rezepte ausgehen und zu dem sie auch wieder zurückkehren.

Ich wünsche Ihnen viel Freude beim Einmachen, Einkochen, Einwecken, Einlegen, beim Schmökern, Kochen und Genießen.

Herzlichst,
Ihre Ulrike Hagen

Danke …

Norbert
Was soll ich noch sagen, du bist meine Liebe, mein Leben, mein Fels in der Brandung – danke für 25 wundervolle Jahre und danke, dass du auch mein drittes Abenteuer Kochbuch mit mir gemeistert hast! Oh, und danke schon mal im Voraus, dass du auch mein viertes Abenteuer Kochbuch mit mir meistern wirst!

Paul und Pius
Danke, Jungs, dass es euch gibt, ihr gebt meinem Leben einen Sinn! Und danke, dass ihr während der Fotoshootings auf vieles verzichtet habt, auf mich zum Beispiel, auf die Küche, die Veranda und – kaum zu glauben – auf „gescheites" Essen. Dazu sei gesagt, dass es während der Fotoshootings ungefähr 100 verschiedene Gerichte zu verkosten gab.

Mama und Papa
Ich danke euch für eine unbeschwerte und glückliche Kindheit! Aufzuwachsen in einem Haus, in dem so vieles selbstverständlich war, einem so vieles nur durch reines Vorleben vermittelt wurde, ist etwas ganz Besonderes. Toleranz, Großzügigkeit, Liebe und Verständnis waren und sind die Stützpfeiler meines Lebens und dafür kann ich euch nicht genug danken.
… und danke, Mama, für die Tischdecken, die Linzer Schnitten, die Karaffe …

Alex Bayer, Fotostudio Vision
Lieber Alex, ein weiteres Mal sind die Bilder einfach nur atemberaubend schön geworden. Du bist ein wahrer Künstler und die Zusammenarbeit mit dir ist immer wieder überwältigend. Die Bücher werden erst durch deine wundervollen Fotografien komplett, und dafür und für vieles mehr – sei umarmt!

Anita Winkler, Löwenzahn Verlag
Liebe Anita, danke für dein Vertrauen, deine Begeisterung, für die unkomplizierte Zusammenarbeit und für vieles mehr.

Christina Kindl, Löwenzahn Verlag
Liebe Christina, danke für dein Verständnis, deine Geduld, für die liebe Zusammenarbeit und für deine Unterstützung.

Petra Büchel
Liebe Pezi, wo soll ich denn jetzt anfangen? Danke fürs Zuhören, für die Ratschläge, die Anteilnahme, die Unterstützung, die Botengänge, Blumen, Einkäufe, das Geschirr, die Platten, das Auffangen während der großen Farbkonzept-Krise zwei Tage vor den Shootings, für diverse Verkostungen, für deine Hilfe an den Fototagen, aber ganz besonders für deine Freundschaft.

Firma Weiler Möbel
Danke für diverse Dekorationsartikel, das blaue Geschirr, die Gläser, Windlichter, Fläschchen, Vasen ... und danke natürlich für die wundervolle Location für die Buchpräsentation.

Christine Hagen, Firma Ludovikus
... noch immer überkommt es mich manchmal und dann denke ich: „Was um Himmels willen hätte ich ohne deine Läufer gemacht!?“ Als mein Farbkonzept drohte, in einem Baby-Shower-Horror-Trip zu enden, waren deine Läufer wahrliche Retter in letzter Sekunde! Danke!
Danke auch für das zauberhafte Kaffeeservice! Und – fast vergessen – danke für die Johannisbeeren – an dieser Stelle auch ein Dankeschön an den Gasthof Krönele in Lustenau.

Karin, Chiara und Laura Bayer
Danke, Mädels, für eure großartige Hilfe während der Fotoshootings. Danke fürs Abwaschen, fürs Verkosten, für die Hilfe bei den Fotos – ihr wart richtige Engel!

Christine Bösch
Als du gesagt hast, du wärst gerne mal bei so einem Kochbuch-Fotoshooting dabei, und ich gesagt habe, das sei okay, aber nicht nur dabei, sondern mittendrin, nämlich mitten im Geschirr-Abwasch-Chaos, hast du spontan zugesagt und warst auch sofort zur Stelle, als deine Hilfe so nötig war! Danke dafür! Schön, dass du dabei warst!

Christine Peter
Liebe Tschirpie, danke für deine Begeisterung, dein Lob, fürs Verkosten und Probieren und für deine Freundschaft!

Monika Hofer
Danke, Moni, ein weiteres Mal, für deine Hilfe am ersten Fotoshooting-Tag.

Hermann Scheffknecht
Danke, Onkel Herml, fürs Räuchermehl – die Forellen waren einfach köstlich!

Klaudia Alge
Danke, Klaudia, für deine Hilfe, fürs Zuhören, fürs Verkosten – vor allem der Liköre und Schnäpse – und fürs Pius-Sitten an vielen Fotoshooting-Tagen.

Danke euch allen
für eure Begeisterung, eure Unterstützung, danke fürs Nachkochen, fürs Genießen, für die Anregungen und für die vielen lieben Worte, die mich immer wieder zu neuen Ideen inspirieren.

Einmachtipps und -tricks

Richtig Eingemachtes hält sich gut verschlossen und möglichst dunkel, kühl und trocken gelagert mindestens 1 Jahr. Das trifft auch auf die meisten der folgenden Rezepte zu, aber

- durch die fehlenden Konservierungsstoffe können sich die Farbe und auch der Geschmack leicht verändern.
- bei manchen Rezepten verwenden wir weniger Zucker, als es für eine lange Konservierung benötigen würde.
- einige Rezepte werden unkonventionell eingekocht bzw. eben nicht eingekocht.
- in Öl Eingelegtes verlangt eine spezielle Lagerung, da auch hier keine weiteren Zusatzstoffe verwendet werden.

Einmachen ist etwas Wundervolles und Ursprüngliches. Der Fantasie sind dabei keine Grenzen gesetzt und so werden Sie im Laufe der Zeit bestimmt Ihre eigenen Einmachgerichte kreieren. Wie auch immer, es gibt beim Einmachen generell einige Dinge, auf die Sie achten sollten.

Hygiene

Ich setze jetzt einfach mal Ihren Hausverstand voraus, denn ich bin mir sicher, dass Ihnen klar ist, dass beim Einmachen Sauberkeit eine wichtige Rolle spielt. So sollte alles, was Sie fürs Einmachen verwenden, richtig sauber sein. Die Gläser können Sie entweder kurz auskochen, d. h. in einem großen Topf mit genügend Wasser ca. 1–2 Minuten kochen, Sie können die Gläser aber auch im Backofen sterilisieren. Dafür einfach auf einem Backblech verteilen und für 20 Minuten in den auf 130 °C Ober- und Unterhitze vorgeheizten Backofen geben. Oder Sie füllen Ihren Geschirrspüler mit den Gläsern, dann bitte nur mit Gläsern, und waschen sie im heißesten Programm einmal durch. Aber auch alle anderen Sachen, die Sie für das Einmachen verwenden, können Sie auf diese Weise sterilisieren, wie z. B. Kochlöffel, Trichter zum Abfüllen, Schöpfkellen und vieles mehr. Die Gummiringe bzw. Schraubdeckel Ihrer Gläser kochen Sie am besten kurz aus und lassen sie im Wasser bis zur Verwendung auskühlen. Achten Sie bitte beim Abfüllen darauf, dass die Ränder der Gläser sauber bleiben. Es gibt dazu wundervolle Trichter, um Marmeladen abzufüllen, deren Anschaffung sich wahrlich lohnt!

Gläser

Ob Sie lieber Schraubgläser oder Weckgläser verwenden, bleibt Ihnen überlassen. Für Schraubgläser spricht, dass Sie diese nach dem Einfüllen kurz umdrehen können – dadurch entsteht einfacher ein Vakuum und die Deckel werden noch einmal durch das heiße Produkt sterilisiert. Für Weckgläser spricht – meiner Meinung nach – eigentlich nur das Aussehen. Ob die Gläser richtig vakuumiert haben, können Sie aber bei beiden einfach testen. Schraubgläser haben meist einen Deckel, der sich nach dem Abkühlen, wenn alles richtig funktioniert hat, nicht mehr eindrücken lässt. Die Weckgläser können Sie nach dem völligen Abkühlen testen, indem Sie die Spange einmal kurz lösen und am Deckel ziehen. Sitzt er fest, hat es geklappt und das Produkt hält sich viele Monate. Kontrollieren Sie aber bitte auch während der Lagerung und spätestens beim Öffnen der Gläser, ob das Vakuum noch besteht. Sowohl die Deckel der Schraubgläser als auch die Gummiringe der Weckgläser sollten Sie maximal 2 Mal verwenden, bevor Sie diese austauschen. Einzelne Deckel und Gummiringe bekommen Sie im gut sortierten Haushaltswarengeschäft. Das Gleiche gilt natürlich auch bei Flaschen. Diese müssen Sie nach dem Befüllen nicht auf den Kopf stellen, es reicht, wenn Sie die Flaschen einfach für einige Minuten flach hinlegen.

Lagerung

Das Eingemachte sollten Sie am besten an einem kühlen, trockenen und dunklen Ort lagern. Im besten Fall finden Sie diese Atmosphäre im Keller. Allerdings empfiehlt es sich, manches Eingemachte im Kühlschrank oder gar im Tiefkühler zu lagern. Das verfehlt zwar den eigentlichen Sinn des Einmachens, aber darüber sehen wir einfach mal hinweg. Marmeladen zum Beispiel friere ich generell ein. Ich finde, so bleiben die Farbe und der Geschmack besser erhalten, und wer isst schon gerne eine Erdbeermarmelade mit leichtem Grauschleier? Die in Öl eingelegten Gemüse lagere ich immer im Kühlschrank. Wenn Sie ein gutes Olivenöl verwenden, wird das zwar dabei fest, aber nach ca. 30 Minuten bei Raumtemperatur verflüssigt es sich wieder vollständig. Pestos und Salsas gehören unbedingt in den Kühlschrank, da sie nicht wirklich eingemacht sind. Die Sirups können Sie beruhigt im Keller lagern – d. h. bis zum Öffnen, danach unbedingt im Kühlschrank aufbewahren. Die Liköre – ausgenommen die Cremeliköre wie Baileys, Eierlikör und Dulce-de-Leche-Likör – können Sie natürlich für mehrere Monate bei Raumtemperatur lagern und immer wieder genießen. Alkohol und Zucker sind wunderbare Zutaten zum Haltbarmachen, da verfliegt allerhöchstens mit der Zeit etwas Aroma, aber wenn die Liköre immer griffbereit sind, halten sie ohnehin nicht so lange ... Sie finden jedoch bei jedem Rezept zusätzliche Informationen zur Lagerung, und da ich – was die Haltbarkeit angeht – sehr vorsichtig bin, neige ich meistens dazu, den Produkten eine weniger lange Haltbarkeit zuzuschreiben, als sie verdient hätten.

Betörende Chutneys

Ursprünglich wurden die – aus der indischen Küche stammenden – Chutneys ja nicht wirklich eingekocht. Manche von ihnen wurden durchaus gekocht, aber dann eher frisch zu den jeweiligen Speisen. Andere Chutneys wiederum werden nicht gekocht, wie beispielsweise das Koriander-Chutney.

Wie auch immer – im Laufe der britischen Kolonialherrschaft wurden auch die Chutneys immer britischer und damit eingekocht bzw. haltbar gemacht. Alle Chutneys haben aber immer noch eines gemein – es handelt sich um würzige, süß-saure, oft auch scharfe Köstlichkeiten mit oder ohne Frucht- bzw. Gemüsestückchen, mehr oder weniger stark eingekocht. Und weil das genau meins ist – das Würzige, das Süße und Saure und Scharfe –, liebe ich sie alle, die vielen wunderbar leckeren Chutneys.

Vorweg gesagt: Meine Chutneys sind meistens recht stückig und nicht so lange eingekocht, wie es in vielen Rezepten beschrieben ist. Durch die lange Kochzeit erhöht sich zwar der Zuckeranteil wesentlich und macht das Chutney länger haltbar, aber der Geschmack leidet darunter und auch die Konsistenz wird zusehends klebriger!

Letztendlich überlasse ich es aber gerne Ihnen, wie lange Sie Ihr Chutney kochen, und so sind meine Zeitangaben oft nur Richtwerte, die sich durch viele Einflüsse wie die Größe des Topfes, die Leistung des Herdes, den Reifegrad der Früchte u. v. m. verändern.

Stürzen Sie sich mit mir ins Abenteuer Chutneys und Sie werden bald sehen, dass es sich dabei keineswegs mehr nur um indische Aromen handelt, wie noch beim klassischen Mango-Chutney und beim 1001-Nacht-Chutney. So finden sich beispielsweise beim Ratatouille-Chutney herrlich mediterrane Aromen. Fast heimisch wird's beim Birnen- oder Rote-Bete-Chutney, um nur einige der folgenden Rezepte zu erwähnen.

Kreieren Sie doch einfach einmal Ihr ganz persönliches Chutney, vielleicht aus Ihren Lieblingsfrüchten und Ihren liebsten Gewürzen – halten Sie sich einfach Pi mal Daumen an eines der folgenden Rezepte, ersetzen Sie Früchte und Gewürze und achten Sie darauf, dass letztlich die Süße mit der Säure harmoniert. Und wenn Sie total begeistert sind von Ihrer Eigenkreation, dann will ich unbedingt Ihr Rezept!

Mango-Chutney

Mango-Chutney

... das wohl bekannteste Chutney und typisch für die indische Küche. Das wundervolle Aroma der reifen Mangos ist auch wirklich schwer zu toppen.

Zutaten für ca. 2 Gläser à 200 ml
2 große oder 3 kleine reife Mangos
1 Zwiebel
1 Knoblauchzehe
1 daumengroßes Stück Ingwer
1 kleine rote Chili
100 g brauner Zucker
ca. 80 ml weißer Balsamicoessig
ca. 1 TL Salz
1 TL aromatisches Currypulver

Mangos schälen, das Fruchtfleisch vom Kern schneiden und fein würfeln. Ein Drittel davon mit dem Mixstab fein pürieren. Zwiebel schälen und fein würfeln. Knoblauch und Ingwer schälen, Chili entkernen und alles fein hacken. Sämtliche Zutaten in einem Topf erhitzen und für ca. 30 Minuten köcheln lassen. Noch einmal pikant-säuerlich abschmecken, dann heiß in saubere Gläser füllen, gut verschließen und für einige Minuten auf den Kopf stellen.

Kühl und dunkel lagern. Nach dem Öffnen im Kühlschrank aufbewahren und während 1–2 Wochen genießen.

Das Mango-Chutney passt natürlich wundervoll zu indischen Curry-Gerichten, aber auch zu gegrilltem Fleisch oder Fisch, zu Garnelen und Jakobsmuscheln, zu verschiedenen Gemüsegerichten oder perfekt zum Fondue.

IT'S ALWAYS TIME FOR CURRY!

Die Küche Indiens ist wohl so vielfältig und überwältigend wie die vielen Eindrücke, die Reisende aus dem riesigen Land zurück nach Hause bringen. Und so ist es uns wohl auch unmöglich, das eine klassische Curry-Gericht zu kreieren, variieren nämlich die Zubereitungen und Zutaten in den vielen verschiedenen Regionen so sehr, dass niemand von einem klassischen indischen Curry sprechen kann. Das Wort Curry bedeutet im Grunde genommen schlicht und einfach Sauce und so dürfen wir uns auf ein kulinarisches Abenteuer einlassen und uns von den wundervollen Aromen, den himmlischen Gewürzen und Gerüchen leiten lassen und immer wieder neue Curry-Gerichte kreieren, mit verschiedenen Gewürzen, mit oder ohne Tomaten, mit Sahne oder Kokosmilch, mit Joghurt oder ohne, scharf oder mild, mit Fleisch, Fisch, vegetarisch oder vegan ...

Indisches Hühner-Curry

Zutaten für ca. 6 Personen
1 große Zwiebel
1 Knoblauchzehe
1 daumengroßes Stück Ingwer
400 ml geschälte Tomaten (Dose)
etwas Olivenöl
2–3 EL aromatische indische Currymischung
400 ml Kokosmilch
ca. 200 ml Geflügel- oder Gemüsefond
Salz und Pfeffer
2 EL Mango-Chutney
etwas Zitronen- oder Limettensaft

sowie
ca. 800 g Hühnerbrüstchen oder ausgelöste Hüften
etwas Butterschmalz oder Öl

Nach Belieben
frischer Koriander oder Petersilie zum Bestreuen

Die Zwiebel schälen und fein schneiden. Knoblauchzehe und Ingwer ebenfalls schälen und sehr fein hacken. Die geschälten Tomaten grob hacken. Olivenöl erhitzen und die Zwiebeln darin mehrere Minuten farblos anschwitzen. Ingwer und Knoblauch sowie die Currymischung dazugeben und 1–2 Minuten leicht rösten. Mit Tomaten samt Saft, Kokosmilch und Fond aufgießen, mit etwas Salz und Pfeffer würzen und langsam erhitzen. Ca. 15–20 Minuten offen köcheln lassen, dabei mehrmals umrühren.

Währenddessen die Hühnerbrüstchen oder -hüften von allfälligen Sehnen befreien und in Streifen oder Würfel schneiden. Etwas Butterschmalz oder Öl – oder natürlich Ghee, wenn Sie welches zuhause haben – erhitzen und die Fleischstücke rundherum rasch anbraten – dabei muss das Fleisch nicht durchgegart werden, da es in der Currysauce fertig gart. Das Hühnerfleisch aus der Pfanne in die Sauce heben, Hitze reduzieren und das Fleisch garziehen lassen.

Mango-Chutney einrühren, noch einmal mit etwas Salz sowie – nach Bedarf – Zitronen- oder Limettensaft abschmecken, mit Koriander oder Petersilie bestreuen und mit Naan, Basmati-Reis, Mango-Chutney und – falls vorrätig – einem Schälchen Koriander-Chutney servieren.

BASMATI-GEWÜRZREIS

Zutaten für ca. 6 Personen
250 g Basmati-Reis
500 ml Wasser
ca. 1 TL Salz
1 kleines Stück Zimtstange
5 Gewürznelken
1 kleine Sternanis

Den Reis gut waschen, mit Wasser, dem Salz und den Gewürzen in einen Topf geben und erhitzen. Zugedeckt für ca. 10 Minuten leise köcheln lassen. Deckel entfernen und den Reis auf sehr kleinem Feuer für weitere 10 Minuten garen. Anschließend mit einer Gabel auflockern und servieren.

NAAN – INDISCHE FLADENBROTE

Die köstlichen Naan-Brote dürfen bei keinem Currygericht fehlen!

Zutaten für ca. 8–10 Naan
150 ml lauwarme Milch
1 EL Zucker
1 Päckchen Trockenhefe (oder 1/2 Würfel frische Hefe)
500 g Mehl
1 TL Backpulver
1 TL Salz
2 EL Olivenöl
1 Ei
150 ml Joghurt

sowie wenn nötig
Mehl zum Bearbeiten

Milch, Zucker und Hefe verrühren und ca. 20 Minuten an einem warmen Ort zugedeckt gehen lassen. Mehl mit Backpulver in eine Schüssel sieben und mit dem Salz vermengen. Hefe-Milch-Mischung, Öl, das Ei und Joghurt dazugeben und mindestens 5 Minuten zu einem Teig kneten. Mit Klarsichtfolie bedecken und gehen lassen, bis sich das Teigvolumen verdoppelt hat – ungefähr 1 Stunde.

Den Teig aus der Schüssel nehmen, noch einmal kurz durchkneten und in 8–10 gleich große Stücke teilen. Diese nach und nach mit etwas Mehl rund oder oval ca. 3 mm dick ausrollen. Das geht wundervoll mit der Nudelmaschine (Stärke 2–3).

Eine große beschichtete Pfanne sehr heiß werden lassen. Einen bis zwei Teigfladen in die Pfanne legen und einseitig braten, bis sie Blasen werfen und dunkle Stellen zeigen. Anschließend umdrehen und ebenfalls gold- bis dunkelbraun fertig braten. Mit den restlichen Fladen genauso verfahren – die gebratenen Brote in einem Tuch eingewickelt oder im 80 °C heißen Backofen warm halten.

Die Naan-Brote passen wundervoll zu allen indischen Curry-Gerichten, aber auch zu Aufstrichen oder zu kleinen Vorspeisen. Und ob Sie es glauben oder nicht, meine Kinder essen sie gerne mit Nutella.

Tipp: *Die Brote können gut auf Vorrat gebacken und tiefgekühlt werden. Einfach vor dem Servieren bei ca. 120 °C wenige Minuten aufbacken oder auftauen lassen und im Toaster oder in einer Pfanne wärmen.*

GELIEBTER KORIANDER?

Das mit dem Koriander ist so eine Sache. Entweder man liebt ihn oder eben nicht. Aber nicht so schnell! An den Koriander kann man sich tatsächlich langsam herantasten. Bei mir war das so. Nach meiner ersten Begegnung mit dem fremden Kraut hätte ich geschworen, es wäre auch meine letzte gewesen, aber nach und nach lernte ich den ungewohnten Geschmack zu schätzen und mittlerweile gehöre ich zu denjenigen, die von sich behaupten können, den Koriander zu lieben. Versuchen Sie es doch auch einmal. Der erste Prosecco oder das erste Bier haben mir auch nicht wirklich geschmeckt, und jetzt … aber das ist eine andere Geschichte.

KORIANDER-CHUTNEY

Das Koriander-Chutney ist das wohl ursprünglichste Chutney und wird zu sehr vielen indischen Gerichten gereicht. Und gerade hier sehen wir, dass Chutney nicht generell etwas mit Einkochen zu tun hat, sondern vielmehr einfach nur als Begriff für allerlei Saucen dient, die zu den verschiedenen Gerichten serviert werden. Das Koriander-Chutney wird in Indien oft schon zum Frühstück gegessen, mit Idli (gedämpfte weiche Küchlein aus Urdbohnen und Reis) oder Dosa (hauchdünne Palatschinken auch aus besagten Bohnen und Reis), aber auch zu Currys aller Art, zu Samosas und vielem mehr.

Zutaten

1 großer Bund Koriander
einige Zweige Minze nach Belieben
1 kleine grüne Chili
1 daumengroßes Stück Ingwer
1 TL gemahlener Kreuzkümmel
Saft von 1/2 Limette oder Zitrone
Salz
evtl. etwas Wasser, Joghurt oder Kokosmilch

Koriander und Minze grob hacken, Chili entkernen und fein hacken, Ingwer schälen und reiben. Alle Zutaten im Blitzhacker oder mit dem Mixstab fein pürieren, dabei etwas Wasser oder Joghurt oder Kokosmilch – das variiert in den verschiedenen Regionen – dazugeben, bis die Masse eine cremige Konsistenz hat. Bis zum Servieren zugedeckt kühlen.

Das Koriander-Chutney ist nicht wirklich lagerfähig und hält sich – gut gekühlt – maximal 3 Tage.

Servieren Sie das Chutney zu indischen Curry-Gerichten, aber auch zu gegrilltem Fisch und Fleisch, zu Gemüsegerichten aller Art sowie einfach nur zu Naan und einem Joghurt-Dip.

Und dann verrate ich Ihnen noch eine himmlische Beilage zu – ach – zu was auch immer Sie mögen:

KORIANDER-KARTOFFELN

Zutaten für 6–10 Personen

1 kg sehr kleine festkochende Kartoffeln
1 Portion Koriander-Chutney
etwas Limettensaft
wenig Olivenöl
Salz

Die geputzten Kartoffeln in reichlich Salzwasser garen. Anschließend abgießen, etwas überkühlen lassen und noch recht warm schälen. In eine große Schüssel füllen, das Chutney dazugeben, vorsichtig vermengen und mit Limettensaft und etwas Olivenöl sowie – wenn nötig – noch etwas Salz abschmecken und servieren.

Veggie-Curry

MIT MUNGOBOHNEN, BANANEN UND MANGO

Das feurige Curry mit den wundervollen Südfrüchten ist einfach himmlisch!

Zutaten für 4 Personen
300 g Mungobohnen (im gut sortierten Supermarkt oder Asialaden erhältlich)
1 daumengroßes Stück Ingwer
1 Knoblauchzehe
1 kleine rote Chili
1 Schalotte
etwas Öl
2 EL gelbe Currypaste oder sehr aromatisches Currypulver
400 ml Kokosmilch
etwas Gemüsefond oder Wasser
Salz und Pfeffer
etwas Zitronensaft

sowie
1–2 Bananen
1 reife Mango

Zum Servieren
2 Frühlingszwiebeln
Koriander oder Petersilie

Die Mungobohnen über Nacht in kaltem Wasser einweichen. Anschließend abgießen und mit frischem Wasser aufsetzen. Ca. 15–20 Minuten köcheln lassen, bis die Bohnen weich sind, aber noch Biss haben. Am besten halten Sie sich an die Packungsanweisung, reduzieren dabei aber die Kochzeit um einige Minuten. Die weichen, aber noch leicht bissfesten Mungobohnen abgießen und bereitstellen.

Ingwer und Knoblauch schälen und fein würfeln. Chili entkernen und fein hacken. Schalotte schälen und würfeln. Öl erhitzen und Ingwer, Knoblauch, Chili und Schalotte darin mehrere Minuten farblos anschwitzen. Currypaste dazugeben und kurz rösten. Mit Kokosmilch und etwas Fond aufgießen und für ca. 10 Minuten leise köcheln lassen. Mungobohnen dazugeben, erhitzen und mit Salz, Pfeffer und Zitronensaft abschmecken.

Bananen schälen und in Stücke schneiden. Mango schälen, Fruchtfleisch vom Kern abschneiden und würfeln. Bananen und Mango zum heißen Curry geben, erwärmen und noch 3–5 Minuten ziehen lassen.

Frühlingszwiebeln in feine Ringe schneiden, Koriander oder Petersilie grob hacken.

Das Curry auf Schalen verteilen und mit Frühlingszwiebelringen und Kräutern garniert einfach pur oder mit Naan und Koriander-Chutney servieren.

Tipp: *Aus allfälligen Resten dieses wundervoll fruchtigen Currys können Sie im Handumdrehen knusprige Veggie-Curry-Röllchen (siehe Foto) zaubern. Dazu das Curry noch einmal erhitzen und mit etwas Maisstärke – in kaltem Wasser angerührt – binden. Auskühlen lassen, damit Frühlingsrollenteig füllen und zu Röllchen formen. In heißem Fett ausbacken und servieren. Tunken Sie die kleinen Köstlichkeiten in Koriander-Chutney oder in das Mango-gelbe-Tomaten-Ketchup von Seite 120 ein.*

Ananas-Mango-Chutney

Die Ananas verleiht diesem Chutney eine herrliche Frische!

Zutaten für ca. 4 Gläser à 200 ml

1 reife Ananas
2 reife Mangos
1 große oder 2 kleine Zwiebeln
2 Knoblauchzehen
1 daumengroßes Stück Ingwer
2 kleine rote Chilis
200 g brauner Zucker
150 ml weißer Balsamicoessig
1–2 TL Salz
1 TL aromatisches Currypulver
je 1 Espressolöffel Kreuzkümmel und Zimt

Die Ananas schälen, Strunk herausschneiden und Fruchtfleisch fein würfeln. Mango ebenfalls schälen, das Fruchtfleisch vom Kern abschneiden und fein würfeln. Zwiebeln schälen und wieder fein würfeln. Knoblauch und Ingwer schälen, Chilis entkernen und alles fein hacken. Sämtliche Zutaten in einem Topf erhitzen und für ca. 30–40 Minuten köcheln lassen. Noch einmal abschmecken, dann heiß in saubere Gläser füllen, gut verschließen und für einige Minuten auf den Kopf stellen.

Kühl und dunkel lagern. Nach dem Öffnen im Kühlschrank aufbewahren und während 1–2 Wochen genießen.

Das Ananas-Chutney passt nicht nur zu vielen indischen Currys, auch zu karibischen Gerichten schmeckt es einfach wundervoll exotisch. Außerdem zu gegrilltem Fleisch, Fisch und Meeresfrüchten, zum Fondue und vielem mehr.

KARIBISCHE

Fisch-Tacos

Dip-Tipp: *Verrühren Sie 2 EL Ananas-Mango-Chutney mit etwas Mayonnaise und/oder Sauerrahm, würzen Sie mit Salz, Pfeffer und etwas Limettensaft und fertig ist ein wundervoll fruchtiger Dip zum Barbecue, Fondue, Raclette ...*

Zutaten für 12 kleine Fisch-Tacos (4–6 Personen)

ca. 800 g Seeteufelfilet
1 Knoblauchzehe
1 kleine rote Chili
1–2 TL Salz
schwarzer Pfeffer aus der Mühle
je 1 Espressolöffel Kreuzkümmel, Curry und scharfes Paprikapulver
2 EL Olivenöl + etwas Öl zum Braten
Saft und Schale von 1/2 Limette

sowie

12 kleine Tortillas
2 Frühlingszwiebeln
1 reife Avocado
ca. 1/2 Becher Sauerrahm
2 Handvoll in Streifen geschnittener Eisberg- oder Baby-Kopfsalat
2 Handvoll in Streifen geschnittener Rotkohl
1 Glas Ananas-Mango-Chutney (ersatzweise Mango-Chutney oder frische Ananasstücke)
frischer Koriander

außerdem

einige Limettenspalten als Garnitur

Das Seeteufelfilet in ca. 1,5 cm große Stücke schneiden. Knoblauch schälen und fein hacken, Chili entkernen und ebenfalls fein hacken. Knoblauch, Chili, Gewürze, Öl und Limettensaft und -schale zu den Fischstücken geben, gut vermengen, zudecken und 30 Minuten marinieren.

Währenddessen die Frühlingszwiebeln in feine Ringe schneiden.

Anschließend eine breite Pfanne mit etwas Olivenöl erhitzen, die Fischstückchen aus der Marinade heben und im heißen Fett auf allen Seiten goldbraun braten. Inzwischen können Sie auch die Avocado vorbereiten, dazu halbieren, den Kern auslösen, das Fruchtfleisch mit einem großen Löffel aus der Schale heben und beliebig schneiden.

Die Tortillas mittig mit etwas Sauerrahm bestreichen, mit Salat, Rotkohl, Avocado und den Fischstückchen füllen, jeweils etwas Ananas-Mango-Chutney darauf verteilen und mit frischen Korianderblättchen bestreut servieren.

Anmerkung: *Ich verwende für meine Tacos immer Soft-Tortillas, das ist aber reine Geschmackssache. In Mexiko und den übrigen lateinamerikanischen Gebieten werden die Tacos immer mit Soft-Tortillas zubereitet. Anders in den USA, wo die knusprigen Taco-Schalen bevorzugt werden. Welche Art Sie zubereiten möchten, bleibt also ganz Ihnen und Ihren Vorlieben überlassen.*

Glasnudelsalat

MIT MANGO UND ANANAS

An Frische und Exotik ist dieser Salat wohl kaum zu übertreffen!

Zutaten für 4–6 Personen

ca. 150 g Glasnudeln
1 Paprikaschote (rot oder gelb)
1/2 Salatgurke
1 Handvoll Cocktailtomaten
1 reife Mango
ca. 1/2 Ananas
1 kleine rote Chili
1 Handvoll Erdnüsse
3 Frühlingszwiebeln
1/2 Bund frischer Koriander (ersatzweise Petersilie)
Saft von 1–2 Limetten (je nach Größe und Ergiebigkeit)
2–3 EL Sweet-Chili-Sauce
2 EL Ananas-Mango-Chutney
Salz
wenig brauner Zucker

Die Glasnudeln in eine große Schüssel geben und mit kochendem Wasser übergießen. 5 Minuten ziehen lassen, anschließend abgießen, gut abtropfen lassen und wieder in die Schüssel geben. Mit einer Küchenschere einige Male kreuz und quer durchschneiden – die Glasnudeln sind sonst zu lang.

Paprika und Gurke entkernen und würfeln. Cocktailtomaten halbieren oder vierteln. Mango- und Ananasfruchtfleisch ebenfalls würfeln. Chili entkernen und fein schneiden. Gemeinsam mit den Erdnüssen unter die Glasnudeln mengen. Frühlingszwiebeln in feine Ringe und Koriander (oder Petersilie) in feine Streifen schneiden und die Hälfte davon ebenfalls untermengen.

Mit Limettensaft, Sweet-Chili-Sauce, dem Ananas-Mango-Chutney, Salz und Zucker abschmecken und zugedeckt ziehen lassen, ca. 30 Minuten bei Raumtemperatur oder bis zu 3 Stunden im Kühlschrank.

Zum Servieren den Glasnudelsalat dekorativ anrichten und mit den restlichen Frühlingszwiebeln sowie dem Koriander (oder der Petersilie) bestreuen.

Tipp: *Natürlich passen auch einige Cocktailgarnelen wundervoll in den ansonsten veganen Salat.*

1001-Nacht-Chutney

Die orientalischen Aromen in diesem Chutney betören nicht nur den Geschmackssinn. Und ob Sie das glauben oder nicht – es schmeckt einfach köstlich zu einem würzigen Bergkäse!

Zutaten für 4–5 Gläser à 200 ml

4 Orangen
1 reife Papaya
1 Apfel
1 große Zwiebel
1–2 kleine rote Chilis
1 Knoblauchzehe
1 daumengroßes Stück Ingwer
10 Trockenpflaumen
10 getrocknete Marillen
1 Handvoll getrocknete Cranberrys
1 Handvoll Rosinen
2 TL Salz
1 TL gemahlener Kreuzkümmel
10 Pimentkörner
1 Zimtstange
2 Sternanis
4 EL brauner Zucker
100 ml Granatapfel- oder weißer Balsamicoessig
150 ml Wasser
Saft von 1 Bio-Zitrone

Von den Orangen die Filets auslösen, dabei den Saft auffangen und bereitstellen. Papaya und Apfel schälen, entkernen und fein würfeln. Zwiebel schälen und fein würfeln. Chilis entkernen, Knoblauch und Ingwer schälen und alles fein hacken. Trockenpflaumen und Marillen würfeln.

Anschließend alle Zutaten zusammen in einem großen Topf erhitzen. Leise für ca. 45–50 Minuten köcheln lassen, dabei vor allem gegen Ende der Kochzeit öfters umrühren. Das Chutney heiß in ausgekochte Gläser füllen und gut verschließen. Für einige Minuten auf den Kopf stellen.

Kühl und dunkel gelagert ist das Chutney für mehrere Monate haltbar. Geöffnet im Kühlschrank aufbewahren und während 2–3 Wochen genießen.

Das Chutney passt wundervoll zu einem Stück Brot, zu einer deftigen Jause mit Käse und Speck, zu Gerichten mit Ziegenfrischkäse, zu gegrilltem Fleisch und vielen Lammgerichten.

Orientalisches Lammragout

Zutaten für 4–6 Personen
ca. 800 g Lammhüften
1–2 rote Zwiebeln
2 Knoblauchzehen
1 kleine rote Chili
etwas Olivenöl
ca. 200 g gewürfelte Tomaten
wenig Zucker
1 Zweig Rosmarin
1 Lorbeerblatt
1 Sternanis
1 TL Kreuzkümmel
je 1 Msp. gemahlener Zimt, Ingwer, Muskat und Paprika
3 Pimentkörner
1 TL getrockneter Oregano
ca. 600 ml Lamm- oder Kalbsfond
Salz und Pfeffer
2 EL 1001-Nacht-Chutney (ersatzweise Mango-Chutney)
etwas Speisestärke zum Binden

sowie
frisch gehackte Minze und Petersilie

Für den Safranreis
250 g Basmati-Reis
1 Prise Safranfäden
500 ml Wasser
Saft und abgeriebene Schale von 1/2 Bio-Zitrone
ca. 1 TL Salz
1 kleines Stück Zimtstange
2 EL kochendes Wasser

Das Lammfleisch säubern und in ca. 2 cm große Würfel schneiden. Zwiebeln schälen und würfeln. Knoblauch schälen und mit der entkernten Chilischote fein hacken.

Nun das Lammfleisch in einem breiten Topf in heißem Öl sehr scharf in zwei Etappen von allen Seiten braten, herausnehmen und beiseitestellen. Anschließend die Zwiebelwürfel in dem Topf braten, Tomatenwürfel, Knoblauch, Chili und die Gewürze einrühren und rösten. Nach und nach mit Fond aufgießen, etwas reduzierend kochen lassen und das Fleisch zurück in den Topf geben. Mit Salz und Pfeffer würzen und zugedeckt auf sehr kleiner Flamme oder im auf 160 °C Ober- und Unterhitze vorgeheizten Backofen ungefähr 30–45 Minuten schmoren lassen.

Währenddessen für den Safranreis die Safranfäden mit 2 EL kochendem Wasser übergießen und ziehen lassen. Den Reis gut waschen und mit Wasser, Zitronensaft und -schale, dem Salz und dem Stückchen Zimt in einen Topf geben und erhitzen. Zugedeckt für ca. 10 Minuten leise köcheln lassen. Anschließend den Safransud darübergießen, nicht umrühren und für weitere 10 Minuten offen garen. Mit einer Gabel auflockern und servieren.

Das Chutney ins Lammragout einrühren und mit Salz und Pfeffer abschmecken. Wenn nötig mit etwas in kaltem Wasser angerührter Speisestärke binden.

Zum Servieren das Ragout in Schälchen füllen und mit frischer Minze und Petersilie bestreuen.

Servieren Sie noch etwas Chutney extra dazu sowie den Safranreis, Naan-Brote (das Rezept finden Sie auf Seite 22) und – falls gerade vorrätig – etwas Koriander-Chutney (siehe Rezept auf Seite 23).

Tipp: *Wenn Sie gerne Granatapfel mögen, können Sie natürlich auch noch einige Kerne darüberstreuen.*

Ratatouille-Chutney

Zutaten für ca. 4 Gläser à 250 ml
1 rote Zwiebel
1 gelbe Paprika
1 rote Paprika
1–2 kleine Zucchini
1 kleine Aubergine
1 Knoblauchzehe
300 g geschälte und gewürfelte Tomaten (frisch oder aus der Dose)
150 g Zucker
ca. 100 ml Rotwein- oder weißer Balsamicoessig
ca. 2 TL Salz
2 Zweige Rosmarin
1 TL Kräuter der Provence
schwarzer Pfeffer aus der Mühle

Zwiebel schälen und fein würfeln. Paprika entkernen und in ca. 1 cm große Stücke schneiden. Von den Zucchini und der Aubergine die Enden abschneiden und beides in ca. 1 cm große Würfel schneiden. Knoblauchzehe schälen und fein hacken. Das Gemüse in einen Kochtopf geben, Tomaten, Zucker, Essig und Salz hinzufügen. Vom Rosmarin die Nadeln abzupfen und mit den Kräutern der Provence untermengen. Langsam erhitzen und ca. 20–30 Minuten leise köcheln lassen. Mit schwarzem Pfeffer aus der Mühle sowie je nach Geschmack mit etwas mehr Salz, Zucker oder Essig abschmecken. Noch heiß in ausgespülte Gläser füllen und fest verschließen. Einige Minuten auf den Kopf stellen.

Das Chutney kühl und dunkel lagern. Nach dem Öffnen im Kühlschrank aufbewahren und während 3–4 Tagen genießen.

Das Ratatouille-Chutney passt wundervoll zu einer mediterranen Jause, zu Ziegen- oder Blauschimmelkäse, zu feinem Rohschinken, einfach zu einem Stückchen Baguette, aber auch zu gegrilltem Fleisch, Fisch oder Gemüse, zu Reisgerichten und vielem mehr.

Gebratene Dorade

MIT RATATOUILLE-CHUTNEY UND KRÄUTEROLIVEN

Machen Sie doch häufiger ganze Fische, sie bleiben saftiger und verzeihen eine etwas zu lange Garzeit leichter als Fischfilets.

Zutaten für 6 Personen
6 mittelgroße frische Doraden
Salz und Pfeffer
1 Bio-Zitrone
6 Zweige Rosmarin
Olivenöl zum Braten
etwas griffiges Mehl
1 EL Butter

Zum Servieren
1 Glas Ratatouille-Chutney
3 Handvoll Kräuteroliven (siehe Rezept auf Seite 108)
Zitronenspalten

Die Doraden unter fließendem Wasser abspülen und mit Küchenkrepp trocken tupfen. Innen und außen mit Salz und Pfeffer würzen. Die Zitrone in Scheiben schneiden, diese halbieren und die Doraden mit den Zitronenscheiben und Rosmarinzweigen füllen. Olivenöl erhitzen, die Doraden kurz in griffigem Mehl wenden und im heißen Öl ca. 8–12 Minuten goldbraun braten. Dabei immer wieder mit etwas Öl übergießen. Am Ende der Bratzeit die Butter einrühren und weiter übergießen.

Die Doraden auf Teller verteilen und mit dem Chutney, Oliven und Zitronenspalten servieren.

Dazu passt wundervoll ein knuspriges Weißbrot, aber auch Reis oder Kartoffeln.

Ein Chutney, bei dem wir die indischen Aromen ungeniert ignorieren und uns auf das Wesentliche konzentrieren, indem wir den himmlischen Geschmack der mediterranen Gemüse einfach nur mit etwas Zucker und Essig unterstützen und es dadurch haltbar machen.

Birnen-Chutney

Ein herrlich bodenständiges und richtig köstliches Chutney.

Zutaten für ca. 2 Gläser à 200 ml
ca. 500 g Birnen (je nach Größe 3–5 Stück)
Saft von 1 Bio-Zitrone
1 Zwiebel
je 1 gestrichener TL helle und dunkle Senfkörner
3 Nelken
1 kleines Stück Zimtstange
ca. 1 TL Salz
220 g brauner Zucker
ca. 130 ml weißer Balsamicoessig (falls vorrätig – gemischt mit Birnenbalsamico)
1 Handvoll Rosinen

Die Birnen schälen, das Kerngehäuse entfernen und das Fruchtfleisch in kleine Würfelchen schneiden. Sofort mit Zitronensaft vermengen, damit die Würfelchen nicht braun werden. Zwiebel schälen und ebenfalls fein würfeln. Sämtliche Zutaten bis auf die Rosinen in einen Topf geben, erhitzen und für 20 Minuten köcheln lassen. Anschließend die Rosinen dazugeben und weitere ca. 10–20 Minuten köcheln lassen. Noch heiß in saubere Gläser füllen, gut verschließen und für einige Minuten auf den Kopf stellen.

Kühl und dunkel lagern. Nach dem Öffnen im Kühlschrank aufbewahren und während 1–2 Wochen genießen.

Das Chutney passt hervorragend zu allen Käsesorten, aber auch zu einer deftigen Brettljause mit Speck. Probieren Sie es auch zu verschiedenen Wildgerichten.

Tipp: *Dieses Chutney funktioniert übrigens genauso gut mit Äpfeln.*

Mini-Wraps

MIT BRIE UND GERÄUCHERTER ENTENBRUST

Kleine Mini-Wraps servieren Sie am besten zum Aperitif, sie machen aber auch am kalten Buffet oder zum Brunch so richtig was her!

Zutaten für 8 (bzw. 16 halbe) Mini-Wraps
8 kleine Tortillas
ca. 200 g Brie
8 TL Frischkäse
3 Handvoll Baby-Kopfsalat in feinen Streifen
ca. 200 g geräucherte Entenbrust in feinen Scheiben
1 Glas Birnen-Chutney

Den Brie in beliebige Scheiben schneiden – so gut das eben geht – je nach Reife. Die kleinen Tortillas mittig zuerst mit etwas Frischkäse bestreichen, anschließend Salat, Brie und Entenbrust daraufhäufen, jeweils etwas Chutney dazugeben und die Tortillas einrollen. Dafür zuerst die Enden einschlagen und dann zu Röllchen formen. Diese straff in Alufolie wickeln und bis zum Servieren kühlen.

Die Wraps aus der Folie befreien, halbieren und die Hälften in kleine Servietten wickeln. Dekorativ anrichten und servieren.

Tipp: *Kreieren Sie Ihre eigenen Wraps mit den verschiedenen Chutneys und lassen Sie dabei Ihrer Fantasie freien Lauf!*

Rote-Bete-Chutney

Ach herrje, ich liebe diese wundervolle Knolle – da musste ich einfach auch mal ein Chutney damit probieren – das Ergebnis ist himmlisch!

Zutaten für ca. 3 Gläser à 250 ml

500 g frische Rote Bete
1 Zwiebel
1 säuerlicher Apfel
1 daumengroßes Stück Ingwer
4 Gewürznelken
3 Pimentkörner
1 kleine Sternanis
1–2 TL Salz
frischer Pfeffer aus der Mühle
100 ml Rotweinessig
60 ml Balsamicoessig

Die Rote Bete unter fließendem Wasser abbürsten. Anschließend jede Bete einzeln dicht in Folie wickeln und auf ein Backblech setzen. Den Backofen auf 180 °C Heißluft vorheizen und die Roten Beten – je nach Größe – im Backofen ca. 1–1,5 Stunden garen. Die Roten Beten sind gar, wenn sich ein hineingestecktes Messer leicht wieder herausziehen lässt. Aus dem Backofen nehmen und auskühlen lassen.

Rote Bete aus der Folie befreien, schälen und in ca. 5 mm große Würfelchen schneiden. Zwiebel und Apfel schälen und ebenfalls fein würfeln. Die Gewürze in einen Teefilter oder ein Stück Tuch binden und mit den restlichen Zutaten in einem großen Topf erhitzen. Auf kleiner Flamme ca. 20–30 Minuten köcheln lassen. Noch einmal pikant säuerlich abschmecken, anschließend in saubere Gläser füllen und verschließen. Einige Minuten auf den Kopf stellen.

180 g brauner Zucker
Saft von 1 Bio-Orange

Kühl und dunkel lagern. Nach dem Öffnen im Kühlschrank aufbewahren und während 1 Woche genießen.

Das Rote-Bete-Chutney passt wundervoll zu Ziegenkäse, zu einer deftigen Speckplatte, zu würzigem Bergkäse, zum Schweinebraten, schmeckt aber auch himmlisch zu gebratenem oder geräuchertem Fisch.

Im Wok geräucherte Forelle

MIT IRISH BROWN BREAD UND ROTE-BETE-CHUTNEY

Zutaten für 2–4 Personen (mehr als 2 Forellen haben im Wok leider keinen Platz)
2 küchenfertige Forellen
Salz und frisch gemahlener schwarzer Pfeffer
4 Salbeiblätter
2 Zweige Rosmarin
2 Zweige Thymian

sowie
2–3 Handvoll Räuchermehl (im Angelfachgeschäft oder im Baumarkt)
2 Zweige Rosmarin
2 Salbeiblätter
3 Wacholderbeeren

Zum Servieren
Rote-Bete-Chutney
frisch geriebener Meerrettich
frische Butter
Zitronenspalten

Selber zu räuchern ist eigentlich ganz einfach. Sie brauchen dazu einen – am besten alten – Wok mit Deckel, ein – ebenfalls altes – Tortengitter aus Metall, Alufolie und Räuchermehl. Und dann kann's losgehen.

Den Wok am Boden bis zur Hälfte des Randes mit Alufolie auskleiden. Nun auf dem Wokboden, also auf die Folie 2–3 Handvoll Räuchermehl sowie 2 Zweige Rosmarin, 2 Salbeiblätter und 3 Wacholderbeeren streuen. Darauf ein metallenes Tortengitter setzen. Die Forellen unter fließendem kaltem Wasser säubern und mit Küchenkrepp trocken tupfen. Anschließend innen und außen gut mit Salz und Pfeffer würzen. Salbei, Rosmarin und Thymian in die Bauchöffnung geben und die Fische auf das Tortengitter legen, Deckel aufsetzen und ab damit auf den Herd. Bei großer Hitze warten, bis das Räuchermehl anfängt zu kokeln, dazu können Sie den Deckel kurz öffnen. Hat sich schon ordentlich Rauch gebildet, Deckel gut schließen, die Herdplatte auf kleine bis mittlere Hitze schalten und ca. 30 Minuten räuchern. Machen Sie eine Garprobe – wenn sich die Rückenflosse leicht herausziehen lässt, sind die Forellen fertig. Anschließend vom Feuer nehmen.

Die Forellen mit dem Tortengitter aus dem Wok heben, auf eine Platte legen und am besten noch warm mit Chutney, frisch geriebenem Meerrettich, Irish Brown Bread (siehe Rezept auf Seite 39) und etwas Butter servieren. Eine Zitronenspalte darf natürlich nicht fehlen.

Tipp: *Wenn Sie mögen, können Sie natürlich auch Sahnemeerrettich zur Forelle reichen.*

IRISH BROWN BREAD

Zutaten für 1 Kastenform
300 g Weizenvollkornmehl
100 g Kuchenmehl (Typ 480)
1 1/2 TL Salz
1 1/2 TL Weinsteinbackpulver (im gut sortierten Supermarkt erhältlich)
300 ml Buttermilch
1 Ei
1 EL Zuckerrübensirup (ersatzweise Honig oder Zucker)
60 g geschmolzene Butter
5–6 EL gemischte, grob gehackte Kerne (Sonnenblumenkerne, Leinsamen, Sesam, ganze Mohnsamen …)

sowie
Butter für die Form
2 EL gemischte Kerne zum Bestreuen

Den Backofen auf 190 °C Ober-Unterhitze vorheizen.

Weizenvollkornmehl und Kuchenmehl mit Salz und Weinsteinbackpulver mischen. Buttermilch mit Ei, dem Zuckerrübensirup und der geschmolzenen Butter gut verrühren, zur Mehlmischung gießen und mit den Kernen in der Küchenmaschine oder mit den Knethaken einen glatten Teig rühren.

Eine Kuchenform mit Butter einfetten oder mit Backpapier auslegen. Den Teig einfüllen, mit den restlichen Kernen bestreuen, kurz rasten lassen und im Backofen für ca. 35–40 Minuten backen. Auf einem Kuchengitter auskühlen lassen und frisch genießen.

Paprika-Chutney

Zutaten für 3–4 Gläser à 250 ml

3 gelbe Paprika
3 rote Paprika (oder je 2 rote, gelbe und orange)
2 Zwiebeln
2 Knoblauchzehen
1 daumengroßes Stück Ingwer
1–2 kleine rote Chilis
300 ml geschälte und gewürfelte Tomaten (frisch oder aus der Dose)
160 g brauner Zucker
ca. 80 ml weißer Balsamicoessig
1 TL gemahlener Kreuzkümmel
1/4 TL gemahlener Zimt
ca. 2 TL Salz
frisch gemahlener schwarzer Pfeffer
1 Spritzer frischer Zitronen- oder Limettensaft

Paprika entkernen und in ca. 5 mm große Würfel schneiden. Zwiebeln schälen und fein würfeln. Knoblauch und Ingwer ebenfalls schälen und mit den entkernten Chilis fein hacken. In einen Topf füllen, mit den restlichen Zutaten bis auf den Zitronen- oder Limettensaft langsam erhitzen und für ca. 20–30 Minuten köcheln lassen. Mit Salz sowie Essig oder Zucker abschmecken und mit einem Spritzer Zitronen- oder Limettensaft verfeinern. Noch heiß in ausgespülte Gläser füllen und sofort verschließen. Einige Minuten auf den Kopf stellen.

Kühl und dunkel lagern. Nach dem Öffnen im Kühlschrank aufbewahren und während 1–2 Wochen genießen.

Auch Paprika-Chutney schmeckt herrlich zu einem Stück Brot, zu einer Sommerjause, wundervoll zu gegrilltem Fleisch, aber auch richtig lecker zu einem gegrillten Fisch.

Tipp: *Wie in jedes Chutney passen auch hier getrocknete Früchte. Probieren Sie das Rezept auch einmal mit einer Handvoll Rosinen oder getrockneten, gewürfelten Marillen.*

Feigen-Chutney

Zutaten für 2 Gläser à ca. 200 ml

8 reife Feigen
1 rote Zwiebel
1 daumengroßes Stück Ingwer
150 g brauner Zucker
ca. 80 ml Rotweinessig
1 kleines Stück Zimtstange
1 Sternanis
2 Nelken
1 gestrichener TL Salz

Feigen waschen, trocknen und in beliebig große Würfel schneiden. Zwiebel schälen und sehr fein würfeln. Ingwer ebenfalls schälen und fein schneiden oder reiben.

Zwiebelwürfelchen mit Zucker, Essig, Ingwer und den Gewürzen erhitzen und leise köcheln lassen, bis die Zwiebeln weich sind. Das dauert mindestens 10 Minuten. Dabei wird die Masse leicht sirupartig; sollte sie zu stark einkochen, können Sie 1–2 EL Wasser dazugeben. Wenn die Zwiebeln weich sind, die Feigen dazugeben und für ca. 8–10 Minuten köcheln lassen. Noch heiß in ausgespülte Gläser füllen und sofort verschließen. Einige Minuten auf den Kopf stellen.

Kühl und dunkel lagern. Nach dem Öffnen im Kühlschrank aufbewahren und während 1–2 Wochen genießen.

Das Feigen-Chutney schmeckt wundervoll zu Käse, vor allem zu Ziegenkäse, aber auch zu vielen sommerlichen Fleisch-, Fisch- und Gemüsegerichten.

Marillen-Chutney

Zutaten für 2 Gläser à 300 ml
500 g Marillen
1–2 Schalotten
1 daumengroßes Stück Ingwer
1 kleine Chili
1 Handvoll getrocknete Marillen
100 g Zucker
ca. 80 ml weißer Balsamicoessig
1/2 Zimtstange
2–3 Gewürznelken
1 kleine Sternanis
1 gestrichener TL Salz

Marillen entkernen und würfeln. Schalotten schälen und fein würfeln. Ingwer schälen und fein schneiden oder reiben. Chili entkernen und ebenfalls fein schneiden. Getrocknete Marillen würfeln.

Alle Zutaten in einen Topf geben, langsam erhitzen und ca. 20–30 Minuten köcheln lassen, je nachdem, ob Sie lieber ein leicht cremiges oder festeres Chutney bevorzugen. Das Chutney noch einmal säuerlich-pikant abschmecken. Noch heiß in ausgespülte Gläser füllen und sofort verschließen. Einige Minuten auf den Kopf stellen.

Kühl und dunkel lagern. Nach dem Öffnen im Kühlschrank aufbewahren und während 1–2 Wochen genießen.

Das Marillen-Chutney passt wundervoll zu Käse, aber auch zu Fisch und Fleischgerichten. Ganz wundervoll schmeckt es auch mit gerösteter Leber oder Leberpasteten.

MAKING OF …

»Liebe und Fantasie sind die besten Gewürze!«

Verführerische Pestos und Salsas

Also, genau genommen gehören weder Pestos noch meine Salsas zu den klassischen Einmachrezepten, ausgenommen die Tomatensalsa, denn erstens hat das wenig mit Einkochen und Co. zu tun und zweitens sind vor allem die Salsas nicht wirklich lange haltbar, da ihnen die klassischen Haltbarmacher wie Zucker, Essig oder Öl in der benötigten Menge fehlen. Nichtsdestotrotz durften diese kleinen Köstlichkeiten in meinem Kochbuch nicht fehlen. Und schließlich muss ja nicht immer alles monatelang haltbar sein, Hauptsache, es schmeckt wundervoll.

Was das anbelangt, kann ich Sie beruhigen – die Pestos sind allesamt großartig. Ob Sie den Klassiker, das Basilikumpesto, oder ein leicht pikantes Pesto aus getrockneten Tomaten zubereiten, mein Lieblingspesto, in das ich einfach alle mediterranen Aromen gepackt habe, oder das wundervolle Nusspesto, das nicht nur im Sommer betört, sondern auch im Herbst und Winter, bleibt ganz Ihnen überlassen. Probieren Sie am besten alle und machen Sie ein paar Gläser mehr zum Verschenken an Ihre Lieblingsmenschen!

Und dann sind da noch meine Salsas, die in unseren Breiten viel zu wenig Beachtung finden. Ihr voller Geschmack nach Kräutern, Frische und Natur ist großartig und gibt allen Rezepten noch den letzten Pep. Die Salsas sind dabei wundervolle Verwandlungskünstler und passen sich den jeweiligen Gerichten auf einzigartige Weise an. So zaubern Sie mediterrane Lebensfreude auf den Tisch mit der Kräutersalsa, versprühen einen Hauch Orient durch frische Minze mit der Minze-Petersilien-Salsa, werden lateinamerikanisch angefeuert durch die scharfe Chili-Kräuter-Salsa mit Koriander und zeigen dem argentinischen Steak mit Chimichurry, wer der wahre Held auf dem Teller ist.

Also, versäumen Sie bloß keine Zeit und machen Sie sich auf den Weg in den Kräutergarten und verführen Sie Ihre Liebsten mit Pestos und Salsas.

Pestos – ein kulinarischer Hochgenuss

Wer liebt sie nicht, diese herrlichen mediterranen, aromatischen Köstlichkeiten?

Ein Stückchen Brot, ein selbstgemachtes Pesto, ein Glas Wein und, wenn es ganz gut läuft, ein bisschen Sonne – was braucht man mehr für dieses locker-leichte mediterrane Lebensgefühl à la „dolce far niente"? Herrlich!

Mein Lieblingspesto

Zutaten für ca. 2 Gläser à 200 ml
1 Topf Basilikum
ca. 8 getrocknete Tomaten in Öl
+ zusätzlich etwas Öl davon
1 Handvoll schwarze Oliven ohne Kerne
1 Knoblauchzehe
1 rote Chili (oder 1/2)
1–2 EL Pinienkerne (im Idealfall geröstet)
Olivenöl nach Bedarf
1–2 Handvoll geriebener Parmesan
Salz und Pfeffer
evtl. etwas Zitronensaft

Basilikum, getrocknete Tomaten, Oliven, Knoblauchzehe und entkernte Chili grob hacken und zusammen mit etwas Öl der eingelegten Tomaten und den Pinienkernen im Mixstab nicht zu fein pürieren, dabei Olivenöl nach Bedarf dazugießen. Parmesan unterheben und mit Salz und Pfeffer sowie etwas Zitronensaft abschmecken. In saubere Gläser füllen, mit Olivenöl bedecken und gut verschließen.

Im Kühlschrank ist das Pesto – immer mit etwas Öl bedeckt – mehrere Wochen haltbar.

Auch mein Lieblingspesto passt natürlich zu allen Pastagerichten, zum Risotto, zu Fisch-, Fleisch- und Gemüsegerichten, zu Salaten und anderen Vorspeisen – ich esse es am liebsten pur mit einem Stückchen Brot und einem kühlen Glas Prosecco.

Ciabatta

Zutaten für 2 Ciabatte

Für den Vorteig
120 g Kuchenmehl
30 ml Milch
150 ml lauwarmes Wasser
1/2 Päckchen Trockenhefe
1 TL Zucker

sowie
380 g Kuchenmehl
1/2 Päckchen Trockenhefe
250 ml lauwarmes Wasser
1 TL Salz
1 Schuss Olivenöl

außerdem
Mehl zum Bearbeiten

Für den Vorteig Milch, Wasser, Hefe und Zucker gut verrühren, Mehl untermengen und zugedeckt mindestens 12 Stunden gehen lassen.

Am Folgetag die restliche Hefe mit dem Wasser gut verrühren, Mehl mit dem Salz vermengen und mit Vorteig, Wasser (mit Hefe) und Öl zu einem glatten, aber sehr weichen Teig rühren.

Wieder zugedeckt 3–4 Stunden rasten lassen. Dabei den Teig nach ca. 2 Stunden mit Hilfe von wenig Mehl wie ein Päckchen falten, zurück in die Schüssel legen und weiter gehen lassen.

Anschließend den Teig mit Hilfe von etwas Mehl wieder wie ein Päckchen zusammenfalten, halbieren und jeweils zu einem länglichen Fladen formen. Diesen auf ein mit Backpapier belegtes Backblech legen und weitere 30 Minuten rasten lassen.

Den Backofen auf 210 °C (Ober-Unterhitze) vorheizen. Das Backblech in den Ofen schieben, ein Glas Wasser auf den Boden schütten und Backofentür schließen. Die Ciabatte für ca. 30–35 Minuten backen. Herausnehmen und auf einem Kuchengitter überkühlen lassen.

Pikantes Pesto

AUS GETROCKNETEN TOMATEN

Zutaten für ca. 2 Gläser à 200 ml
ca. 250 g getrocknete Tomaten in Öl
+ zusätzlich etwas Öl davon
2–4 rote Chilis
1–2 Knoblauchzehen
2 EL Pinienkerne (im Idealfall geröstet)
Olivenöl nach Bedarf
1–2 Handvoll geriebener Parmesan
Salz und Pfeffer
etwas Zitronensaft

Tomaten aus dem Öl heben und grob hacken. Chilis entkernen, Knoblauchzehe schälen und beides fein hacken. Tomaten mit Chili und Knoblauch in ein hohes Gefäß füllen und zusammen mit etwas Öl der eingelegten Tomaten und den Pinienkernen mit dem Mixstab pürieren, dabei Olivenöl nach Bedarf dazugießen, bis das Pesto cremig wird. Parmesan unterheben und mit Salz und Pfeffer sowie etwas Zitronensaft abschmecken. In saubere Gläser füllen, mit Olivenöl bedecken und gut verschließen.

Im Kühlschrank ist das Pesto – immer mit etwas Öl bedeckt – mehrere Wochen haltbar.

Das pikante Tomatenpesto schmeckt ganz wundervoll zu Pastagerichten, aber auch zu Fleisch, Fisch, Meeresfrüchten, Gemüse, Salaten, zu einem Stück Brot, zu Käse und vielem mehr.

Nusspesto

Zutaten
180 g gemischte Nüsse (Haselnüsse, Walnüsse und Pistazien)
100 g getrocknete Tomaten in Öl
+ zusätzlich etwas Öl davon
3 Knoblauchzehen
1 kleine rote Chili
1 TL Ahornsirup
etwas abgeriebene Schale von 1 Bio-Zitrone
Olivenöl nach Bedarf
2–3 Handvoll geriebener Parmesan
Salz und Pfeffer
etwas Zitronensaft

Die Nüsse in einer Pfanne ohne Öl goldbraun und duftend rösten. Auskühlen lassen und grob hacken. Tomaten aus dem Öl heben und fein schneiden, Knoblauchzehen schälen, Chili entkernen und beides ebenfalls fein schneiden. Nüsse, Tomaten, Knoblauch und Chili mit dem Ahornsirup sowie dem Zitronenabrieb in ein hohes, schmales Gefäß füllen, dabei auch etwas Öl der Tomaten zugeben. Mit dem Mixstab nicht allzu fein pürieren – das Nusspesto darf etwas gröber sein und man soll die verschiedenen Farben der Nüsse, vor allem der Pistazien noch erkennen können. Dabei Olivenöl nach Bedarf dazugeben. Den Parmesan unterheben, mit Salz und Pfeffer und etwas Zitronensaft abschmecken. In saubere Gläser füllen, gut andrücken und mit Olivenöl bedecken.

Das Pesto hält sich gut gekühlt mehrere Wochen. Einfach immer darauf achten, dass der Rand des Glases sauber und das Pesto mit etwas Olivenöl bedeckt ist.

Das Nusspesto passt selbstverständlich zu den verschiedenen Pastagerichten, aber auch zu Käse schmeckt es einfach wundervoll. Versuchen Sie es einmal zu Wildgerichten. Das Nusspesto ist natürlich himmlisch mit einem Stückchen Ciabatta, passt aber ebenso großartig zu Schwarz- und Vollkornbrot.

Pasta la vista, Baby!

Basilikumpesto

Zutaten für ca. 2 Gläser à 200 ml
2 Töpfe Basilikum
1–2 Knoblauchzehen
3 EL Pinienkerne
ca. 1 TL Salz
Olivenöl nach Bedarf
frisch gemahlener schwarzer Pfeffer
2–3 Handvoll frischer Parmesan

Basilikum nahe der Erde abschneiden und grob hacken. Knoblauchzehen schälen und fein hacken. Pinienkerne in einer Pfanne ohne Öl leicht rösten. Basilikum, Knoblauch, Pinienkerne und Salz sowie etwas Öl im Standmixer pürieren. Nach und nach mehr Öl eingießen, bis das Pesto eine cremige Konsistenz hat. Den Parmesan einrühren und mit Salz und Pfeffer abschmecken. In saubere Gläser füllen, mit Olivenöl bedecken und gekühlt lagern.

Im Kühlschrank ist das Pesto – immer mit etwas Öl bedeckt – mehrere Wochen haltbar.

Das Basilikumpesto passt nicht nur wundervoll zu vielen Pastagerichten, auch zum Risotto, zu Fisch-, Fleisch- und Gemüsegerichten, zu Salaten und anderen Vorspeisen oder aber einfach zu einem Stückchen Ciabatta – himmlisch.

Linguine

MIT BASILIKUMPESTO

Manchmal müssen es einfach selbstgemachte Nudeln sein – besonders zu einem frischen Basilikumpesto.

Zutaten für 6–8 Personen
400 g Mehl (am besten italienisches Mehl Tipo 00, ersatzweise Type 405)
4 Eier Größe M

sowie
Salz für das Kochwasser

außerdem
1 Glas Basilikumpesto (oder eines der anderen Pestos)
frischer Parmesan
etwas Olivenöl
frische Basilikumblättchen als Garnitur
schwarzer Pfeffer

Das Mehl mit den Eiern mindestens 10 Minuten zu einem festen Teig kneten. Je nach Größe der Eier brauchen Sie noch ein wenig Wasser. Den Teig in Folie wickeln und für mindestens 1 Stunde in den Kühlschrank geben.

Anschließend aus der Folie wickeln und mit etwas Mehl portionsweise dünn ausrollen. Das geht sowohl mit einer Nudelmaschine als auch mit einem Nudelholz (wie der Name verrät). Anschließend in feine Nudeln schneiden, diese locker auf einem bemehlten Tuch verteilen und für ca. 1 Stunde antrocknen lassen.

Reichlich Salzwasser zum Kochen bringen. Die Nudeln darin ca. 2 Minuten garen, abgießen, dabei etwas Nudelwasser zurückbehalten. Die Nudeln zurück in den Topf geben, Pesto einrühren und den Topf schwenken, dabei nach und nach etwas Nudelwasser dazugießen, bis eine sämige Bindung entsteht. Die Linguine auf Teller verteilen, mit Parmesan bestreuen, mit etwas Olivenöl beträufeln und mit frischen Basilikumblättchen sowie etwas schwarzem Pfeffer servieren.

Tipp: *Die Linguine können Sie natürlich auch mit allen anderen Pestos zubereiten – Sie werden begeistert sein!*

Salsas

Mediterrane Kräutersalsa

Die mediterrane Kräutersalsa bringt die Sonne im Handumdrehen auch auf Ihren Tisch!

Zutaten für ca. 2 kleine Gläser à 100 ml
1 1/2 Bund Petersilie
1–2 Knoblauchzehen
2 Anchovisfilets
1 EL Kapern
abgeriebene Schale von 1/2 Bio-Zitrone
ca. 100 ml Olivenöl
1 Spritzer Zitronensaft
Salz und Pfeffer

Petersilie grob hacken, Knoblauchzehen schälen, Anchovisfilets aus dem Öl nehmen, Kapern aus dem Sud heben und grob hacken. Alle Zutaten in einen Mixbecher füllen und mit dem Mixstab nicht allzu fein pürieren. In saubere Gläser füllen, mit etwas Olivenöl bedecken und bis zum Servieren kühlen.

Die Salsa hält sich – gut gekühlt und mit Olivenöl bedeckt – 1–2 Wochen.

Sie passt wundervoll zu vielen mediterranen Fisch-, Fleisch- und Gemüsegerichten, zu Salaten und Antipasti, zu Mozzarella, Parmesan, Feta ...

Tatar vom Thuna

MIT WILDKRÄUTERN UND ZITRONEN-PFEFFER-MAYONNAISE

Zutaten für ca. 6 Personen
400 g Thunfischfilet in Sushiqualität
1 Schalotte
abgeriebene Schale von 1 Bio-Zitrone
1–2 EL fein gehackte Petersilie
Salz und Pfeffer
4–5 EL Olivenöl

sowie
ca. 2 EL Zitronensaft

Für die Zitronen-Pfeffer-Mayonnaise
2 EL Mayonnaise
1 Espressolöffel grüne Pfefferkörner
1 Espressolöffel rote Pfefferkörner
abgeriebene Schale von 1 Bio-Zitrone
1 Spritzer Zitronensaft
Salz

Zum Servieren
1 Glas mediterrane Kräutersalsa
2 Handvoll gemischte Wildkräuter
falls vorrätig – einige Cocktailtomaten in Öl (siehe Rezept auf Seite 106)

Für das Tatar Schalotte schälen und in sehr feine Würfelchen schneiden. Das Thunfischfilet ebenfalls mit einem scharfen Messer in feine Würfel schneiden. Mit Zitronenschale, den Schalottenwürfelchen sowie der Petersilie vermengen und mit Salz und Pfeffer würzen. Olivenöl dazugießen und vorsichtig vermengen. Zugedeckt kühl ziehen lassen.

Für die Mayonnaise die Pfefferkörner fein hacken. Alle Zutaten vermengen, abschmecken, in einen Einwegspritzsack oder Plastikbeutel füllen und bis zum Servieren kühlen.

Das Tatar kurz vor dem Servieren mit Zitronensaft abschmecken. Dessertringe in die Mitte von Tellern setzen, Thunfischtatar einfüllen und etwas andrücken. Kräutersalsa, Zitronen-Pfeffer-Mayonnaise sowie die gemischten Kräuter und die Cocktailtomaten dekorativ dazu anrichten und servieren.

Anmerkung: *Natürlich ist und bleibt selbstgemachte Mayonnaise besser als die gekaufte, aber wenn wir nur 2 EL benötigen, lohnt es sich nicht wirklich, außer, Sie haben für den Rest der Mayonnaise eine andere Verwendungsmöglichkeit. Ein Rezept für selbstgemachte Mayonnaise finden Sie auf Seite 117.*

Geschmorte Kaninchenkeulen

Zutaten für 4–6 Personen
6–8 Kaninchenkeulen – je nach Größe und Hunger
1 große Zwiebel
1–2 Karotten
1–2 Selleriestangen
2 Knoblauchzehen
Olivenöl nach Bedarf
Salz und Pfeffer
etwas Zucker
1 EL Tomatenmark
300 ml trockener Weißwein
200 g geschälte, gewürfelte Tomaten (frisch oder gekauft)
ca. 300 ml Kalbsfond
2 Zweige Rosmarin
2 Zweige Thymian
2 Lorbeerblätter
3 Gewürznelken
1 kleine Sternanis
1 Stück Zitronenschale

Zum Servieren
1 Glas mediterrane Kräutersalsa
frische Petersilie zum Bestreuen

Die Kaninchenkeulen unter kaltem Wasser abspülen und mit Küchenkrepp trocknen. Zwiebel schälen, vierteln und in Streifen schneiden. Karotten schälen und in Scheiben schneiden, von dem Stangensellerie die Fäden abziehen und schräg in Scheiben schneiden. Knoblauchzehen schälen und fein hacken.

Den Backofen auf 150 °C (Ober-Unterhitze oder Heißluft) vorheizen. Olivenöl erhitzen, die Kaninchenkeulen mit Salz und Pfeffer würzen und nach und nach rundherum goldbraun braten. Herausnehmen und bereitstellen. Zwiebeln, Sellerie und Karotten langsam rösten, dabei mit etwas Salz und Zucker würzen, Knoblauch dazugeben und weiterbraten. Tomatenmark einrühren und anrösten. Nach und nach immer wieder mit etwas Weißwein aufgießen und einkochen lassen. Anschließend restlichen Wein, die Tomaten sowie den Fond eingießen und die Kräuter, Gewürze sowie die Zitronenschale dazugeben. Erhitzen, Kaninchenkeulen in die Sauce legen und zugedeckt im Backofen für ca. 1–1,5 Stunden schmoren. Anschließend mit Salz und Pfeffer würzen.

Die Kaninchenkeulen auf eine vorgewärmte Platte geben, die Sauce mit dem Gemüse darübergießen, etwas Salsa daraufhäufen und mit Petersilie bestreut servieren. Restliche Salsa separat dazureichen.

Dazu passt wundervoll mein knuspriges Weißbrot.

KNUSPRIGES WEISSBROT

Zutaten für 2 Brote
600 g Kuchenmehl Type 480 oder Dinkelmehl
1 1/2 TL Salz
1 1/2 TL Zucker
1/2 TL Trockenhefe
450 ml lauwarmes Wasser

sowie
Roggenmehl zum Bearbeiten

Alle trockenen Zutaten gut mischen, Wasser einrühren und rasch zu einem Teig vermengen. Mit Klarsichtfolie bedecken und ca. 20 Stunden bei Zimmertemperatur gehen lassen.

Anschließend auf eine gut bemehlte Arbeitsfläche geben, falten, halbieren, aus jeder Hälfte einen länglichen Wecken drehen und auf ein mit Backpapier belegtes Backblech setzen. Mit einem Tuch bedecken und noch einmal ca. 1 Stunde gehen lassen.

Backofen auf 250 °C Ober- und Unterhitze oder Heißluft – nach Belieben – vorheizen. Das Backblech in den Ofen schieben, 1 Glas Wasser auf den Backofenboden gießen und sofort schließen. Das Brot 10 Minuten backen. Anschließend Backofentür für ca. 10 Sekunden öffnen, damit der restliche Dampf entweichen kann. Wieder schließen und weitere 10 Minuten backen. Backofentür öffnen, leicht anlehnen und das Brot für 5–10 Minuten fertig backen. Auf einem Kuchengitter auskühlen lassen und servieren.

Minze-Petersilien-Salsa

Minze und Petersilie erfrischen wirklich jedes Gericht auf geheimnisvolle Art und Weise!

Zutaten für 2 kleine Gläser à 100 ml
1 1/2 Bund Petersilie
1/2 Bund Minze
1 Knoblauchzehe
Saft und Schale von 1/2 Bio-Zitrone
Salz und Pfeffer
ca. 100 ml Olivenöl

Petersilie und Minze grob hacken. Knoblauch schälen und fein hacken. Alle Zutaten in ein hohes Gefäß füllen und mit dem Mixstab fein pürieren. In saubere Gläser füllen, mit Olivenöl bedecken und verschließen.

Im Kühlschrank gelagert und immer mit etwas Öl bedeckt ist die Salsa für mindestens 2 Wochen haltbar.

Die Minze-Petersilien-Salsa schmeckt wundervoll zu Lamm- und Schweinefleischgerichten, aber auch zu Fischen und Meeresfrüchten, zu mediterranen Gemüsegerichten u. v. m.

Evas Lammspießchen

MIT WASSERMELONE UND FETA

Liebe Eva, ich danke dir für dieses Rezept, mit dem du mich zu meinem Geburtstag auf köstliche Art und Weise verzaubert hast. Die scharfen und aromatischen Lammspieße und die leichte, frische Wassermelone mit Feta ergänzen sich einfach großartig.

Zutaten für 6–8 Personen
ca. 1 kg Lammrückenfilets
etwas Olivenöl zum Braten

Für die Gewürzpaste
120 ml Olivenöl
2 EL gemahlener Kreuzkümmel
1 EL gemahlener Koriander
1 EL Paprikapulver
1–2 TL Cayennepfeffer
1 TL Kurkuma
1 TL getrockneter Oregano
1/2 TL schwarzer Pfeffer
ca. 2 TL Salz
Saft von 1 Bio-Zitrone

sowie
1 kleine oder 1/2 Wassermelone
ca. 200 g Fetakäse
1–2 EL Pinienkerne
etwas Olivenöl
1 Spritzer Zitronensaft

Zum Servieren
1 Glas Minze-Petersilien-Salsa

Für die Gewürzpaste das Olivenöl mit sämtlichen Gewürzen erhitzen und ca. 2 Minuten anschwitzen. Vom Feuer nehmen und etwas abkühlen lassen. Den Zitronensaft einrühren und völlig auskühlen lassen.

Die Lammrückenfilets in 2–3 cm dicke Medaillons schneiden. In einer Schüssel mit der Gewürzpaste gut vermengen und mehrere Stunden oder über Nacht im Kühlschrank marinieren.

Mindestens 1 Stunde vor der Zubereitung aus dem Kühlschrank nehmen. Anschließend auf Holzspießchen aufspießen und bereitstellen.

Die Wassermelone erst in 2 cm dicke Scheiben, anschließend in Dreiecke schneiden. Diese auf Tellern verteilen. Den Fetakäse grob zerbröseln, mit den Pinienkernen auf die Wassermelonendreiecke häufen und mit Olivenöl sowie einem Spritzer Zitronensaft beträufeln.

Nun die Lammspießchen in etwas Olivenöl auf beiden Seiten ca. 2 Minuten braten, anschließend ca. 10 Minuten an einem warmen Ort, z. B. im 80 °C heißen Backofen, rasten lassen. Zu den Wassermelonen anrichten, Melone und Spießchen mit Salsa beträufeln und servieren.

Dazu passt wundervoll ein knuspriges Weißbrot.

Chimichurri

Die traditionelle argentinische Salsa besticht durch ein perfektes Zusammenspiel der einzelnen Zutaten.

Zutaten für ca. 2 Gläser à 100 ml

1–2 rote Chilis
3 Knoblauchzehen
1 kleine Schalotte
1 1/2 Bund Petersilie
2 Zweige Thymian
1 TL getrockneter Oregano
Salz und Pfeffer
Saft von 1 Limette
Olivenöl nach Bedarf

Chilis entkernen und fein schneiden, Knoblauchzehen und Schalotte schälen und fein hacken. Petersilie ebenfalls hacken. Vom Thymian die Blättchen abzupfen. Alle Zutaten in einem hohen Gefäß mit dem Mixstab pürieren, abschmecken, in saubere Gläser füllen, mit Olivenöl bedecken und bis zum Servieren ziehen lassen.

Die original argentinische Chimichurri sollte eigentlich mindestens 2 Wochen ziehen, schmeckt aber auch frisch zubereitet einfach herrlich – und zwar typisch argentinisch zu gegrilltem Fleisch, zu Fisch, zum Fondue und ganz besonders zu den wundervollen Empanadas.

Argentinisches Rumpsteak

MIT CHIMICHURRI

Zutaten für 6 Personen
6 Rumpsteaks à ca. 200 g
1–2 EL Butterschmalz
etwas Salz und Pfeffer

Zum Servieren
etwas grobes Salz und frischer Pfeffer
1 Glas Chimichurri

Die Rumpsteaks mindestens 1 Stunde vor der Zubereitung aus dem Kühlschrank nehmen.

Die Fettschicht am Rand der Steaks kreuzweise einschneiden. Butterschmalz erhitzen. Die Steaks mit etwas Salz und Pfeffer würzen. Ich mache das immer unmittelbar vor dem Garen. Sie können das Fleisch aber auch danach würzen, ganz nach Vorliebe.

Die Steaks zuerst auf der Fettschicht braten, bis diese gut gebräunt ist. Anschließend auf beiden Seiten ca. 2 Minuten scharf anbraten – je nach gewünschtem Gargrad. Danach die Steaks an einem warmen Ort noch einige Minuten rasten lassen.

Auf vorgewärmte Teller verteilen, eventuell in Scheiben schneiden, mit etwas grobem Salz und frischem Pfeffer bestreuen und mit der Chimichurri servieren.

Empanadas

... die Arbeit ist gar nicht so aufwendig und lohnt sich in jedem Fall!

Zutaten für 20–30 Stück – je nach Größe
500 g Kuchenmehl Type 480
2 TL Salz
1 TL Zucker
100 g kalte Butterstückchen
2 EL Olivenöl
1 Ei
ca. 150 ml kaltes Wasser

Für die Füllung
300 g Hackfleisch vom Rind
1 Zwiebel
1 Knoblauchzehe
1 Chili
1 rote Paprika
etwas Olivenöl
Salz und Pfeffer
je 1 Espressolöffel Kreuzkümmel und Paprika
ca. 3 EL gewürfelte Tomaten
1 Spritzer Limettensaft
2 hartgekochte Eier
1 Handvoll Rosinen

sowie
etwas Mehl zum Bearbeiten
1 Ei zum Verkleben des Teiges

Zum Servieren
Limettenspalten
Chimichurri

Für den Teig das Mehl mit Salz und Zucker vermengen. Butterstücke und Olivenöl dazugeben und zu einem krümeligen Teig kneten. Das Ei untermengen und nach und nach das Wasser dazugießen, bis ein geschmeidiger und glatter Teig entsteht. Diesen in Frischhaltefolie wickeln und für mindestens 1 Stunde kühlen.

Währenddessen für die Füllung die Zwiebel schälen und fein würfeln. Knoblauch schälen und fein hacken. Chilischote entkernen und ebenfalls fein hacken. Paprika entkernen und würfeln. Olivenöl in einer Pfanne erhitzen und das Hackfleisch zusammen mit dem Gemüse braten. Währenddessen mit Salz und Pfeffer sowie dem Kreuzkümmel und dem Paprikapulver würzen. Die Tomaten einrühren, kurz erhitzen und vom Feuer nehmen. Mit einem Spritzer Limettensaft abschmecken und auskühlen lassen. Die Eier schälen und fein würfeln. Rosinen grob hacken und beides unter die Füllung mengen.

Den Backofen auf 200 °C Ober-Unterhitze vorheizen. Den Teig ca. 2 mm dick ausrollen und 12–15 cm große Kreise ausstechen. Die Füllung darauf verteilen und mit dem verquirlten Ei bepinseln. Anschließend zu Halbkreisen zusammenklappen und mit einer Gabel andrücken. Restlichen Teig kurz kneten, ca. 10 Minuten tiefkühlen und wieder ausrollen, ausstechen und füllen, bis die Füllung aufgebraucht ist. Die Empanadas auf ein mit Backpapier belegtes Backblech setzen. Mit dem verquirlten Ei bepinseln, mit einer Gabel mehrmals einstechen und im Backofen auf mittlerer Schiene für ca. 15–20 Minuten goldbraun backen. Aus dem Ofen nehmen und frisch mit Limettenspalten sowie der Chimichurri servieren.

Tipp: *Die Füllung können Sie natürlich nach Belieben variieren. Zum Beispiel mit Hühnchen oder – für eine vegetarische Variante – mit Blattspinat und Käse.*

Scharfe Chili-Kräuter-Salsa

... wie wundervoll sich hier Schärfe und Frische ergänzen, ist einzigartig!

Zutaten für 2 kleine Gläser à ca. 100 ml
4–5 rote Pfefferoni
2–3 Habanero-Chilis
1 Frühlingszwiebel
2 Knoblauchzehen
1 Bund Koriander
1/2 Bund Petersilie
1 TL Salz
1 TL Zucker
Saft von 3 Limetten, ca. 100 ml

Pfefferoni und Chilis entkernen und grob schneiden. Frühlingszwiebel in grobe Ringe schneiden. Knoblauch schälen und hacken. Koriander und Petersilie ebenfalls grob hacken. Alle Zutaten im Blitzhacker zerkleinern, bis eine schöne cremige Salsa entsteht. In saubere Gläser füllen und verschließen.

Die Salsa ist gut gekühlt mindestens 2 Wochen haltbar.

Probieren Sie die Salsa zu den verschiedensten Gerichten als Würze, wenn es mal etwas an Schärfe fehlt, oder pur zu gegrilltem Fleisch, Fisch oder Meeresfrüchten, aber auch zu gegrilltem Gemüse. Als Topping für verschiedene Eintöpfe und Suppen ist die Salsa an Frische und Schärfe kaum zu übertreffen.

Ceviche vom Lachs

MIT AVOCADO UND MANGO

... eine meiner allerliebsten Vorspeisen, und ich bin mir sicher, es wird auch eine Ihrer liebsten!

Zutaten für 6–8 Personen
500 g frisches Lachsfilet (ohne Haut und Gräten, idealerweise Sushi-Cut)
1 kleine rote Chili
1 reife Avocado
1 kleine reife Mango
2–3 Frühlingszwiebeln
ca. 150 ml gemischter Zitronen- und Limettensaft
Salz
1 TL Zucker

Für die Avocadocreme
1 reife Avocado
Saft von 1/2 Limette
Salz

Zum Servieren
1 Glas scharfe Chili-Kräuter-Salsa
frischer Koriander

Am besten bereiten Sie zuerst die Avocadocreme zu. Dafür die Avocado halbieren, den Kern entfernen und das Fruchtfleisch mit einem Löffel aus der Schale heben. Mit Limettensaft und Salz fein pürieren. Luftdicht in einen Spritzsack füllen und bis zum Servieren kühlen.

Das Lachsfilet in feine Scheiben schneiden und in eine flache Schale geben. Chili entkernen und in feine Streifen schneiden. Avocado- und Mangofruchtfleisch in Würfelchen schneiden. Frühlingszwiebeln in feine Ringe schneiden. Chili, Mango und Avocado sowie Frühlingszwiebelringe vorsichtig zum Lachs geben, einige Frühlingszwiebelringe für die Dekoration aufsparen. Limettensaft mit Salz und Zucker vermengen, zum Lachs gießen, vorsichtig durchmischen und für ca. 10–15 Minuten ziehen lassen.

Vor dem Servieren die Lachsstücke mit Avocado, Mango und Frühlingszwiebeln dekorativ auf Tellern anrichten und mit den restlichen Frühlingszwiebeln bestreuen. Avocadocreme in kleinen Häufchen dazuspritzen, mit Salsa und frischen Korianderblättchen garnieren und servieren.

Dazu passt wundervoll ein knuspriges Weißbrot.

Maissüppchen

MIT CHILI-KRÄUTER-SALSA

Bitte probieren Sie diese Suppe! Der Geschmack wird auch Sie aus den Socken hauen!

Zutaten für 6–8 Personen

1 Zwiebel
1 Knoblauchzehe
1–2 EL Butter
1 Zweig Thymian
1 kg gegarte Maiskörner (am besten tiefgekühlt)
1,2 l Gemüsefond (oder Bouillon)
300 ml Sahne
Salz und Pfeffer

Zum Servieren

1 Glas scharfe Chili-Kräuter-Salsa

Zwiebel und Knoblauch schälen und fein würfeln. Butter erhitzen und die Zwiebelwürfel auf kleinem Feuer ca. 4 Minuten anschwitzen, Knoblauch und Thymianzweig dazugeben und mitdünsten. Mais einrühren und mit Fond oder Bouillon aufgießen. Ca. 25–30 Minuten köcheln lassen, Sahne eingießen, aufkochen lassen und mit Salz und Pfeffer würzen. Die Suppe im Standmixer oder mit dem Mixstab sehr lange gut pürieren und durch ein feines Sieb streichen (das ist dieses Mal besonders wichtig, da sich die Schalen der Maiskörner nicht pürieren lassen)! Die Konsistenz eventuell mit etwas Fond korrigieren.

Vor dem Servieren die Suppe noch einmal erhitzen. Auf Tellern verteilen und mit etwas Salsa beträufelt servieren.

Etwas Salsa separat dazureichen, so kann jeder nach seinem persönlichen Schärfeempfinden nachwürzen.

Tomaten-Salsa

Ich liebe diese stückige fruchtig-frische Tomaten-Salsa!

Zutaten für ca. 2 Gläser à 300 ml

1 kg reife Tomaten
1 große Zwiebel
2 Knoblauchzehen
1 grüne Paprika
1 gelbe Paprika
1–2 Habanero- oder Jalapeño-Chilis
etwas Olivenöl
1 TL gemahlener Kreuzkümmel
1–2 TL Salz
1 TL Zucker
1 EL fein gehackter Koriander

Die Tomaten kreuzweise einritzen, mit kochendem Wasser übergießen, kurz ziehen lassen, anschließend aus dem Wasser heben und auskühlen lassen. Die Tomaten schälen, den Strunk entfernen und die Hälfte fein würfeln. Die andere Hälfte mit dem Mixstab oder im Standmixer pürieren.

Zwiebel schälen und würfeln. Knoblauch ebenfalls schälen und fein würfeln. Paprika entkernen und ebenfalls würfeln. Die Chilis entkernen und fein hacken.

Olivenöl erhitzen und die Zwiebelwürfelchen mit dem Knoblauch mehrere Minuten glasig dünsten. Paprikawürfelchen und Chilis dazugeben und weiter anschwitzen. Die gewürfelten und diepürierten Tomaten dazugeben, Kreuzkümmel, Salz und Zucker sowie den Koriander einrühren und alles ca. 20–25 Minuten köcheln lassen. Abschmecken, in saubere Gläser füllen, gut verschließen und für einige Minuten auf den Kopf stellen.

Im Kühlschrank gelagert ist die Salsa mehrere Monate haltbar. Geöffnet während ca. 3–5 Tagen genießen.

Die Tomaten-Salsa passt nicht nur zu Tortillachips, sie schmeckt auch wundervoll zum Barbecue, zu Gemüsegerichten, zu Reisgerichten, zu einer herzhaften Jause u. v. m.

Aber manchmal müssen sie einfach sein, die leckeren Nachos mit allem Drum und Dran.

Guacamole

Ich liebe die einfachste Art der Guacamole mit lediglich 3 Zutaten – mehr braucht es einfach nicht, sofern die Avocados die richtige Reife haben!

Zutaten
1–2 reife Avocados
Saft von 1 Limette
Salz

Die Avocados halbieren, den Kern entfernen und das Fruchtfleisch mit einem Löffel aus der Schale lösen. Limettensaft darüberträufeln und die Avocado mit einer Gabel gut zerdrücken, dabei mit etwas Salz würzen. In Schälchen füllen und frisch servieren.

Tipp: *Sollte die Avocado nicht reif genug sein oder einfach fahl im Geschmack, können Sie die Guacamole mit Schalottenwürfelchen, Knoblauch, Chili und Tomatenwürfelchen sowie etwas Kreuzkümmel und frischem Koriander zubereiten.*

Nacho-Käse-Sauce

Zutaten
1 kleine Schalotte
1 rote Chili
etwas Olivenöl
3 EL Frischkäse
ca. 100 ml Milch
200 g geriebener Cheddar-Käse, ersatzweise regionaler würziger Käse
etwas Salz
1 Hauch Muskatnuss
1 Spritzer Limettensaft

Schalotte schälen und sehr fein schneiden, Chili entkernen und ebenfalls sehr fein hacken. Öl erhitzen und die Schalotte langsam mehrere Minuten glasig anschwitzen. Chili einrühren und weiter anschwitzen. Den Frischkäse dazugeben und schmelzen lassen. Mit Milch aufgießen und erwärmen. Nun nach und nach den Käse einrühren und schmelzen lassen. Mit Salz und einem Hauch Muskatnuss würzen. Mit einem Spritzer Limettensaft abschmecken. Noch warm in Schälchen füllen und zu den Chips servieren oder bis zum Servieren zugedeckt kühlen und kurz davor erwärmen.

... außerdem brauchen Sie natürlich noch Chips – Tortillachips, Tacochips oder Nachos – und dann können Sie losdippen!

MAKING OF ...

»Kochen ist eine Kunst,
und keineswegs
die unbedeutendste.«

LUCIANO PAVAROTTI

Köstliches Gemüse

Sauer macht lustig, mich zumindest – ich liebe dieses süß-sauer eingemachte, pikante Gemüse und dabei weiß ich gar nicht, welches mir das liebste ist. Die süß-sauren Sandwichgürkchen – da bin ich mir sicher – werden in Zukunft auch in Ihrem Kühlschrank nicht mehr fehlen. Alles andere bereite ich nach Saison, Angebot und Lust und Laune zu. Die ersten Radieschen im Frühling werden sofort süß-sauer eingemacht – und die sind nicht nur köstlich, sondern auch noch so richtig schön! Der eingelegte Rotkohl, das Puszta-Kraut, die roten Zwiebeln, der süß-saure Fenchel – einfach köstlich. Die Sandwich-Pickles, die kleinen Honig-Thymian-Zwiebelchen, die eingemachten Pfefferoni und und und. Sie merken schon – die Qual der Wahl überlasse ich jetzt ganz einfach Ihnen!

Und was man nicht alles aus und mit diesen Köstlichkeiten zaubern kann! Salate wie den unbeschreiblichen Vogerl-Rucola-Salat mit Ziegenkäse und Nüssen, Suppen wie das eisgekühlte Gurkensüppchen, Spezialitäten wie das israelische Shakshuka, die unbeschreiblichen Hot Dogs und vieles mehr.

Nicht zu vergessen natürlich die in Öl eingelegten Leckereien. Gegrillte Paprika und Zucchini, diese kleinen hinreißenden Tomaten, selbst getrocknet und eingelegt – ein Wahnsinn. Die Zucchiniröllchen werden Ihre Gäste immer wieder aufs Neue beeindrucken, ganz zu schweigen von den hausgemachten Ravioli. Die Paprika und Pfefferoni, gefüllt mit Frischkäse, sind die Mühe in jedem Fall wert. Und können Sie sich noch einen Sommerabend ohne Oliven vorstellen?

Bread & Butter Pickles

Man muss sie einfach lieben – diese kleinen, knackigen, wundervollen süß-sauer eingelegten Köstlichkeiten!

Süß-saure Sandwichgürkchen

Zutaten für ca. 3 Gläser à 250 ml

600 g kleine Gurken
2 Zwiebeln
1–2 TL gelbe Senfkörner
10–15 Pfefferkörner
300 ml weißer Balsamicoessig
150 g Kristallzucker
1–2 TL Salz

Zuerst die Zwiebeln schälen und in feine Ringe schneiden oder hobeln. In eine Schüssel geben, mit kochendem Wasser übergießen und ca. 10 Sekunden warten, anschließend durch ein Sieb gießen und bereitstellen. Die kleinen Gurken waschen und in ca. 2–3 mm dicke Scheiben hobeln oder schneiden. Mit den Zwiebeln sowie den Senf- und Pfefferkörnern vermengen, in heiß ausgespülte Gläser füllen und gut andrücken.

Essig mit Zucker und Salz erhitzen, bis sich der Zucker aufgelöst hat. Heiß über die Gurken gießen, Gläser fest verschließen und auskühlen lassen. Anschließend im Kühlschrank lagern. Die Gürkchen können gleich gegessen werden, am besten schmecken sie aber nach 2–3 Tagen.

Im Kühlschrank gelagert sind die Gürkchen mindestens 8 Wochen haltbar.

Die Gürkchen passen einfach wundervoll zu einer deftigen Jause oder einfach nur zu Brot und Butter!

Süß-saure Radieschen

Zutaten für ca. 2 Gläser à 200 ml

ca. 300 g Radieschen
1 TL gelbe Senfkörner
150 ml weißer Balsamicoessig
80 ml Wasser
80–100 g Kristallzucker
1 EL Ahornsirup
1 TL Salz

Die Radieschen waschen und in ca. 2–3 mm dicke Scheiben hobeln oder schneiden. Mit den Senfkörnern vermengen, in heiß ausgespülte Gläser füllen und gut andrücken.

Essig mit den restlichen Zutaten erhitzen, bis sich der Zucker aufgelöst hat. Heiß über die Radieschen gießen, Gläser fest verschließen und auskühlen lassen. Anschließend im Kühlschrank lagern. Die Radieschen können gleich gegessen werden, am besten schmecken sie aber nach 2–3 Tagen.

Im Kühlschrank gelagert sind die Radieschen mindestens 8 Wochen haltbar.

Die Radieschen passen wundervoll zu einer Jause, zu Salaten oder einfach zu Brot und Butter.

Selbstgemachtes Toastbrot

Zutaten für 1 große oder 2 kleine Kastenformen

500 g Weizenmehl Type 405
1 TL Salz
250 ml lauwarme Milch
1 TL Zucker
1 Päckchen Trockenhefe
30 g flüssige Butter

sowie

Butter für die Form

Mehl in eine Schüssel sieben und mit dem Salz vermengen. Lauwarme (nicht heiße!) Milch mit dem Zucker und der Trockenhefe verrühren und 5–10 Minuten gehen lassen. Anschließend zum Mehl geben, flüssige Butter dazugeben und zu einem geschmeidigen Teig kneten, der sich vom Schüsselrand löst. Zugedeckt ca. 60 Minuten gehen lassen, bis sich das Volumen fast verdoppelt hat, anschließend kurz durchkneten und noch einmal gehen lassen, bis sich das Volumen wiederum fast verdoppelt hat.

Währenddessen eine Kastenform (oder 2 kleine) gut mit Butter bestreichen. Den Teig noch einmal kurz durchkneten, zu einem länglichen Brot formen und in die gebutterte Kastenform legen. Zudecken und wiederum 30 Minuten gehen lassen.

Den Backofen auf 190 °C Heißluft vorheizen. Das Brot in der Kastenform in den Ofen schieben, ein Glas Wasser auf den Backofenboden gießen und den Ofen sofort schließen. Für 15 Minuten backen, anschließend die Backofentür für ca. 10 Sekunden weit öffnen, damit der restliche Dampf entweichen kann, wieder schließen und für ca. 15 Minuten fertig backen. Kleine Toastbrote jeweils 10 Minuten backen. Herausnehmen, aus der Form stürzen und auf einem Kuchengitter auskühlen lassen.

Anschließend in Scheiben schneiden und getoastet oder ungetoastet genießen.

Eisgekühltes Gurkensüppchen

MIT RÄUCHERLACHS

Eine himmlische Vorspeise – nicht nur – an einem lauen Sommerabend.

Zutaten für 4–6 Personen
1 große oder 1 1/2 kleine Salatgurken
Salz
etwas Zucker
ca. 1 Glas süß-saure Sandwich-gürkchen (250 ml)
300 ml Buttermilch
schwarzer Pfeffer aus der Mühle
1 Spritzer Zitronensaft
2 Zweige frischer Dill
300 g griechischer Joghurt

sowie
ca. 150 g Räucherlachs
einige eingelegte Gürkchen als Garnitur
frischer Dill als Garnitur

Die Salatgurke schälen, der Länge nach halbieren und die Kerne mit einem Löffel herausschaben. Die Gurkenhälften grob in Stücke schneiden, mit etwas Salz und Zucker vermengen und ca. 30 Minuten ziehen lassen.

Anschließend die Gurkenstücke mit den eingelegten Gurken, etwas vom Gurkensud sowie der Buttermilch mit dem Mixstab oder im Standmixer sehr gründlich pürieren und durch ein feines Sieb streichen. Mit Salz und Pfeffer sowie etwas Zucker und einem Spritzer Zitronensaft würzen. Dill fein hacken und mit dem Joghurt vorsichtig unterheben. Die Suppe zugedeckt mehrere Stunden gut kühlen.

Zum Servieren den Räucherlachs in Streifen schneiden. Die kalte Suppe auf Teller oder Schalen verteilen, mit Lachs und Gürkchen garnieren und mit frischem Dill servieren.

Tipp: *Probieren Sie die Suppe auch einmal mit geräucherter Forelle. Ein Rezept dafür finden Sie auf Seite 38.*

Thuna-Pizza

Ein kleines Highlight – am besten zum Aperitif oder einfach mal als edler Snack zwischendurch!

Zutaten für 1 runde Pizza
200 g Kuchenmehl (Type 480)
1/4 TL Trockenhefe
1/2 TL Salz
1/2 TL Zucker
ca. 160 ml lauwarmes Wasser

sowie
125 g Crème fraîche
1–2 TL Wasabi
etwas Salz
1 Spritzer Limettensaft
ca. 300 g Thunfisch (am besten Sushi-Cut)
ca. 1 Glas Karotten und Rettich mit Ingwer
frischer Koriander
schwarzer Sesam zum Bestreuen

Für den Teig Kuchenmehl, Hefe, Salz und Zucker mischen. Wasser zugeben, nur kurz durchrühren, um alle Zutaten zu vermengen. Mit Klarsichtfolie zugedeckt 12–24 Stunden gehen lassen.

Backofen auf 250 °C Ober- und Unterhitze vorheizen und ein Backblech auf eine der unteren Schienen setzen. Den Teig mit etwas Mehl zu einem runden Fladen (ca. 30 cm Durchmesser – wie eine Pizza) ausrollen. Diesen auf ein Backpapier legen und dieses mit Hilfe einer großen Platte oder Ähnlichem auf das heiße Backblech gleiten lassen. Den Teigfladen ca. 8–12 Minuten kross und braun backen (siehe Tipp). Herausnehmen und auf einen großen Teller setzen.

Die Crème fraîche mit Wasabi verrühren und mit Salz und Limettensaft abschmecken. Anschließend mehr oder weniger gleichmäßig auf den Brotfladen streichen. Den Thunfisch in möglichst dünne (ca. 3 mm) Scheiben schneiden und auf der Crème fraîche locker verteilen. Karotten und Rettich aus dem Glas heben und kurz auf Küchenkrepp trocknen. Mittig auf den Thuna häufen, alles mit Koriander garnieren, mit schwarzem Sesam bestreuen und servieren.

Tipp: *Ich backe die Teigfladen immer auf Vorrat – also aus einem Kilo Mehl. Dazu die Teigfladen bei 250 °C nur ca. 5 Minuten backen. Frisch gebacken gut verpacken und tiefkühlen. Vor dem Servieren im Backofen auf einem heißen Backblech bei 250 °C ca. 5–8 Minuten fertig backen und belegen.*

Karotten und Rettich mit Ingwer

... ein Hauch Asien!

Zutaten für ca. 3 Gläser à 250 ml
ca. 300 g Karotten
ca. 300 g weißer Rettich
1 daumengroßes Stück Ingwer
300 ml Reisessig
150 g Kristallzucker
1–2 TL Salz

Karotten und Rettich schälen und in feine Streifen schneiden oder hobeln. Ingwer schälen und fein würfeln. Mit dem Gemüse vermengen und in saubere Gläser füllen. Gut andrücken und bereitstellen.

Essig mit Zucker und Salz erhitzen, bis sich der Zucker aufgelöst hat. Heiß über das Gemüse gießen, Gläser fest verschließen und auskühlen lassen. Anschließend im Kühlschrank lagern. Lassen Sie diese Pickles am besten noch 2–3 Tage ziehen, bevor sie gegessen werden.

Im Kühlschrank gelagert sind sie mindestens 8 Wochen haltbar.

Die Pickles passen großartig als erfrischende Beilage zu vielen asiatischen Gerichten, zum Sushi zum Beispiel sind sie himmlisch, aber auch zu Fleisch und Fisch. Auch zu den Teriyaki-Meatballs (siehe Rezept auf Seite 150) sind sie köstlich!

Rote Bete

… Glas auf, Gabel rein und einfach mal zwischendurch ein Stück eingemachte Rote Bete essen! Und dann wundert man sich, wieso dieses Glas auf einmal leer ist!

Zutaten für ca. 2 Gläser à 500 ml
ca. 800 g Rote Bete

Für den Sud
200 ml Wasser
300 ml Apfel- oder weißer Balsamicoessig
150 g Zucker
1–2 TL Salz
1/2 TL Kümmel
6 schwarze Pfefferkörner
6 Gewürznelken
4 Pimentkörner
1 Lorbeerblatt

Die Rote Bete unter fließendem Wasser abbürsten. Anschließend jede Bete einzeln dicht in Folie wickeln und auf ein Backblech setzen. Den Backofen auf 180 °C Heißluft vorheizen und die Rote Bete – je nach Größe – im Backofen ca. 1–1,5 Stunden garen. Die Roten Beten sind gar, wenn sich ein hineingestecktes Messer leicht wieder herausziehen lässt. Die Beten aus dem Backofen nehmen und auskühlen lassen.

Aus der Folie lösen, schälen und in beliebig große Stücke schneiden. Die Rote Bete in saubere Gläser schichten und gut andrücken. Für den Sud sämtliche Zutaten erhitzen, bis sich der Zucker völlig aufgelöst hat. Noch heiß bis zum Rand über die Rote Bete gießen und die Gläser gut verschließen.

Die Rote Bete ist – im Kühlschrank gelagert – mehrere Wochen haltbar. Sie können die Gläser aber auch sterilisieren – auf Seite 14 lesen Sie, wie.

Die Rote Bete passt zu einer Jause, zu Speck, Salami, Käse, zu vielen Fleischgerichten, zu Salaten und vielem mehr!

Vogerl-Rucola-Salat

MIT ZIEGENKÄSE UND ROTER BETE AN NUSSDRESSING MIT KARAMELLISIERTEN NÜSSEN

Zutaten für 6–8 Personen
je 3–4 Handvoll Vogerlsalat und Rucola

sowie
2 Packungen Ziegenfrischkäse (z. B. Chavroux)
1/2 Glas Rote Bete

Für das Dressing
1 EL grober Senf
1 EL Honig
Salz und Pfeffer
3 EL weißer Balsamicoessig
3 EL Raps- oder Traubenkernöl
3–4 EL Walnussöl
1 Spritzer Zitronensaft
1 Schalotte
1 EL Schnittlauchröllchen

Für die karamellisierten Nüsse
1–2 Handvoll Walnüsse
2 EL Zucker

Salat waschen und trockenschleudern.

Für das Dressing Senf, Honig, Salz und Pfeffer mit dem Essig gut verrühren. Langsam die beiden Öle einfließen lassen und zu einer cremigen Emulsion rühren. Mit etwas Zitronensaft verfeinern. Schalotte schälen, fein schneiden und zusammen mit den Schnittlauchröllchen einrühren. Abschmecken und bereitstellen.

Für die Nüsse den Zucker in einem breiten Topf goldbraun karamellisieren. Nüsse einrühren, gut vermengen und auf ein Backpapier gießen. Auskühlen lassen und anschließend sehr grob hacken.

Vor dem Servieren den Salat auf einer großen Platte oder einzelnen Tellern verteilen. Vom Ziegenfrischkäse mit zwei Löffeln Nockerln ausstechen und dekorativ auf dem Salat platzieren. Rote Bete aus dem Sud heben und ebenfalls auf dem Salat anrichten. Mit dem Dressing beträufeln und mit den karamellisierten Nüssen bestreut servieren.

Sandwich-Pickles

... nicht nur eines der schönsten Einmachgerichte – hier zählen auch die inneren Werte!

Zutaten für ca. 2 Gläser à 300 ml
1 gelbe Paprika
1 rote Paprika
1 Handvoll Radieschen
1–2 kleine Gurken
2 Karotten

Für den Sud
250 ml Essig
100 ml Wasser
100 g Zucker
1–2 TL Salz

Paprika entkernen und in feine Streifen hobeln. Radieschen und Gurken waschen, Karotten schälen und alles zuerst in feine Scheiben hobeln, anschließend in feine Streifen schneiden. Die Gemüsesorten schichtweise auf Gläser verteilen und gut andrücken.

Für den Sud sämtliche Zutaten erhitzen und leise köcheln lassen, bis sich der Zucker aufgelöst hat. Kurz etwas abkühlen lassen und bis zum Rand über das Gemüse gießen. Gläser gut verschließen und auskühlen lassen.

Anschließend im Kühlschrank lagern und während 2–3 Wochen genießen. Sie können die Pickles sofort probieren, das volle Aroma entwickelt sich aber erst nach 2–3 Tagen.

Die Sandwich-Pickles schmecken wundervoll zur Jause, in Sandwiches, Toasts, zum Hot Dog, Burger und vielem mehr.

Tipp: *Für die Sandwich-Pickles verwende ich keine zusätzlichen Gewürze. Es bleibt aber völlig Ihnen überlassen, ob Sie noch Senfkörner, Pfefferkörner oder fein geschnittene Chilischoten mit verarbeiten möchten.*

Mein Club-Sandwich

Zutaten für 4 Personen
12 Scheiben Sandwichtoast
ca. 8 Scheiben Frühstücksspeck
2 Tomaten
2 hartgekochte Eier
8 knackige Kopfsalatblätter
3–4 EL Mayonnaise
16 Scheiben gegarte Truthahnbrust
8 Scheiben Käse
1 Glas Sandwich-Pickles

Die Sandwichtoast-Scheiben goldbraun toasten. Den Frühstücksspeck in einer Pfanne ohne Öl knusprig braten und auf Küchenkrepp bereitstellen. Die Tomaten und die geschälten Eier in Scheiben schneiden, Kopfsalat waschen und trockenschleudern.

Die Sandwichtoast-Scheiben einseitig mit Mayonnaise bestreichen. 4 Brote nebeneinanderlegen und mit etwas Salat belegen. Die Truthahnbrust und den Frühstücksspeck darauf verteilen. Eine zweite Brotscheibe daraufsetzen, auf dieser 1 Scheibe Käse, Tomaten, Eierscheiben und Sandwich-Pickles dekorativ anrichten. Mit Toastbrot bedecken und etwas andrücken. Quer in Dreiecke schneiden, diese jeweils mit einem Holzspießchen fixieren und servieren.

Rotkohl süß-sauer

... dieses knackige Kraut, ob wir es nun Blaukraut, Rotkraut oder Rotkohl nennen, ist einfach genial!

Zutaten für ca. 2 Gläser à 400 ml
ca. 500 g Rotkohl (Blaukraut), ohne Strunk
ca. 100 g Salz
2 TL gelbe Senfkörner

Für den Sud
400 ml Rotweinessig
150 ml Rotwein
ca. 270 g Zucker
ca. 5 Pfefferkörner
1 Lorbeerblatt

Den Rotkohl in feine Streifen schneiden oder hobeln. Ein Sieb ins Waschbecken stellen. Den Rotkohl in das Sieb geben und mit dem Salz kurz vermengen. Für 3–4 Stunden ziehen lassen. Anschließend unter fließendem Wasser abspülen und gut abtropfen lassen.

Für den Sud alle Zutaten erhitzen und für ca. 15 Minuten köcheln lassen.

Währenddessen den abgetropften Rotkohl mit den Senfkörnern mischen und auf saubere Gläser verteilen, dabei gut andrücken. Mit dem heißen Sud aufgießen. Gläser verschließen und auskühlen lassen.

Im Kühlschrank lagern und während ca. 4–6 Wochen genießen.

Der süß-saure Rotkohl passt wundervoll zu einer herbstlichen Brettljause, aber auch zu vielen Wildgerichten, die mit der Süße und Säure des Kohls herrlich harmonieren.

Wachtelbrüstchen

MIT ROTKOHL, ORANGEN UND WILDKRÄUTERN

Zutaten für 6 Personen als kleine Vorspeise
ausgelöste Brust und Keule von 3–4 Wachteln
Salz und Pfeffer
etwas Butterschmalz
3 EL Wasser
3 EL Sojasauce
2–3 EL Honig
abgeriebene Schale von 1/2 Bio-Orange
1 Spritzer Orangensaft
schwarzer Pfeffer aus der Mühle

sowie
ca. 1/2 Glas Rotkohl süß-sauer
ausgelöste Filets von 1–2 Orangen
3 Handvoll Wildkräuter

Die Wachtelteile unter fließendem Wasser kurz abbrausen und auf Küchenkrepp trocknen. Die Brüstchen und Keulen mit Salz und Pfeffer würzen und in heißem Butterschmalz auf der Hautseite goldbraun braten, umdrehen und weiterbraten. Anschließend aus der Pfanne heben und den Bratensatz mit Wasser ablöschen. Sojasauce, Honig, Orangenschale und -saft dazugeben und leicht sirupartig einkochen lassen. Die Wachtelteile zurück in die Pfanne geben und im Sirup schwenken. Mit Pfeffer würzen, Pfanne vom Herd nehmen und kurz ziehen lassen.

Den abgetropften Rotkohl dekorativ auf Tellern anrichten, Orangenfilets und Wildkräuter dazu arrangieren. Wachtelteile dazusetzen, mit der sirupartigen Sauce beträufeln und servieren.

Puszta-Kraut

Zutaten für ca. 2 Gläser à 750 ml

ca. 600 g Weißkraut ohne Strunk
ca. 100 g Salz
1 große oder 2 kleine Zwiebeln
1–2 Karotten
1 rote Paprika
1–2 Minigurken
2 TL gelbe Senfkörner
1 TL schwarze Pfefferkörner
1 TL Pimentkörner
1/2 TL Kümmelsamen

Für den Sud

400 ml weißer Balsamicoessig (oder Apfelessig)
180 ml Wasser
200 g Zucker

Das Kraut in feine Streifen schneiden oder hobeln. In ein großes Sieb geben, dieses ins Waschbecken stellen und das Kraut mit dem Salz bestreuen. Gut durchmischen und für 2–3 Stunden ziehen lassen. Währenddessen Zwiebeln schälen und in feine Ringe schneiden oder hobeln. Mit kochendem Wasser übergießen, für 10 Sekunden ziehen lassen, durch ein Sieb gießen und mit kaltem Wasser abspülen. Karotten schälen und erst in feine Scheiben hobeln, anschließend in feine Streifen schneiden. Paprika entkernen und ebenfalls in feine Streifen schneiden oder hobeln. Gurken waschen und in feine Scheiben hobeln.

Das Kraut unter fließendem Wasser gründlich vom Salz befreien und gut auswringen. Mit Zwiebeln, Karotten, Paprika, Gurken und den Gewürzen vermengen. Das Ganze in saubere Gläser füllen und gut andrücken.

Für den Sud Essig mit Wasser und Zucker erhitzen und so lange köcheln lassen, bis sich der Zucker völlig aufgelöst hat. Noch heiß bis zum Rand in die Gläser füllen und gut verschließen. Kurz flach hinlegen.

Im Kühlschrank gelagert ist das Puszta-Kraut mehrere Monate haltbar, nach dem Öffnen noch ca. 2 Wochen.

Das Puszta-Kraut schmeckt wundervoll zu gegrilltem Fleisch, vor allem zu Cevapcici, aber auch einfach mit einem Stückchen Brot. Einfach himmlisch schmecken damit aber selbstgemachte Hot Dogs.

Hot Dogs

MIT PUSZTA-KRAUT

Zutaten für ca. 16 Stück

500 g Kuchenmehl Type 405
1 TL Salz
250 ml lauwarme Milch
1 Päckchen Trockenhefe
1 EL Zucker
1 Ei

sowie

nach Bedarf etwas Mehl zum Bearbeiten
ca. 2 EL Butter zum Bestreichen

Zum Servieren

16 kleine Wiener Würstchen (Frankfurter)
ca. 1/2 Glas Puszta-Kraut
Senf und/oder Ketchup nach Bedarf

Mehl mit Salz vermengen. Milch, Trockenhefe und Zucker verrühren und für ca. 10 Minuten gehen lassen. Anschließend mit dem Ei zum Mehl geben und zu einem geschmeidigen Teig kneten. Diesen zugedeckt für ca. 1 Stunde gehen lassen, bis sich sein Volumen verdoppelt hat. Anschließend in 16 gleich große Stücke teilen, jeweils zu ca. 8 cm langen Röllchen formen und auf ein mit Backpapier belegtes Backblech setzen. Wieder zugedeckt ca. 30–60 Minuten gehen lassen.

Den Backofen auf 180 °C Ober-Unterhitze vorheizen. Währenddessen die Butter schmelzen. Die Hot-Dog-Brötchen damit bestreichen, das Backblech in den Ofen schieben und die Brötchen ca. 15–20 Minuten goldbraun backen. Herausnehmen und auf einem Kuchengitter auskühlen lassen.

Die ausgekühlten Brötchen bis zum Servieren luftdicht lagern oder tiefkühlen. Vor dem Servieren können die Brötchen im ca. 100 °C heißen Backofen nur kurz gewärmt werden.

Für Hot Dogs die Brötchen aufschneiden und mit heißen Würstchen, Puszta-Kraut, Senf und Ketchup nach Belieben füllen.

Spezial-Tipp für Burger-Brötchen: *Für Burger-Brötchen den gegangenen Teig in 10–12 gleich große Stücke teilen, erst zu Kugeln formen, diese sehr flach drücken und auf Backpapier legen. Fortfahren wie bei den Hot-Dog-Brötchen, dabei die Backzeit um ca. 2 Minuten verlängern.*

Eingemachte Pfefferoni

Eingemachte Pfefferoni

Zutaten für ca. 2 Gläser à 200 ml

ca. 300 g grüne scharfe Pfefferoni (aus dem Garten oder dem türkischen Supermarkt)
2 Knoblauchzehen
150 ml weißer Balsamicoessig
80 ml Wasser
80 g Kristallzucker
1 TL Salz

Die Pfefferoni in Ringe schneiden. Knoblauch schälen und in feine Scheiben schneiden. Essig, Wasser, Zucker und Salz aufkochen. Die Pfefferoni-Ringe mit dem Knoblauch dazugeben, den Topf vom Feuer nehmen und 10 Minuten ziehen lassen. Anschließend die Pfefferoni mit einer Schaumkelle aus dem Topf heben und in saubere Gläser füllen. Gut andrücken. Den Sud noch einmal erhitzen und heiß bis zum Rand in die Gläser gießen. Diese gut verschließen und kurz auf den Kopf stellen.

Kühl und dunkel gelagert sind die Pfefferoni mehrere Monate haltbar. Geöffnet im Kühlschrank aufbewahren und während 3–4 Wochen genießen.

Die Pfefferoni passen wundervoll zu einer Jause, geben aber verschiedenen Gerichten wie Chili con carne und anderen Eintöpfen eine scharfe, aromatische Würze.

Shakshuka

Dieses unglaublich leckere israelische Nationalgericht wird meistens zum Frühstück gereicht, schmeckt aber zu jeder Tages- und Nachtzeit einfach wundervoll.

Zutaten für 4 Personen
mindestens 1 kg frische reife Tomaten
1 große Zwiebel
1–2 Knoblauchzehen
etwas Olivenöl
1 EL oder mehr eingemachte Pfefferoni
Salz und Pfeffer
etwas Zucker

sowie
4 Eier
frische Petersilie zum Bestreuen

Von den Tomaten den Stielansatz entfernen, Fruchtfleisch würfeln und bereitstellen. Zwiebel schälen, vierteln und in Streifen schneiden. Knoblauch schälen und fein hacken. In einer Pfanne Olivenöl erhitzen und die Zwiebelstreifen darin mehrere Minuten anschwitzen. Knoblauch dazugeben und kurz rösten. Tomaten und Pfefferoni einrühren, mit Salz und Pfeffer sowie etwas Zucker würzen und ca. 6–8 Minuten einkochen lassen, bis die Sauce nicht mehr wässrig ist.

Anschließend 4 Mulden eindrücken und vorsichtig die Eier darauf verteilen. Das Eiweiß vorsichtig etwas in die Sauce rühren. Ca. 4–5 Minuten auf kleiner Flamme ziehen lassen, dabei für 2 Minuten zudecken. Vom Herd nehmen, mit Petersilie bestreuen und mit einem knusprigen Weißbrot servieren.

Das Gericht stelle ich in der Pfanne in die Mitte des Tisches, aus der auch alle gleich essen und mit dem Brot die köstliche Sauce tunken können. Natürlich kann das Gericht auch auf eigenen Tellern angerichtet werden, ganz wie Sie lieber mögen.

... reichen Sie dazu – als extra Frischekick – diesen köstlichen Salat:

Israelischer Kichererbsensalat

Zutaten für 4–6 Personen
1/2 Salatgurke
2 Handvoll Cocktailtomaten
2 Frühlingszwiebeln
1 gelbe Paprika
1 Knoblauchzehe
1 Dose Kichererbsen
1/2 Bund Petersilie
Salz und Pfeffer
wenig Zucker
Saft von 1/2 Zitrone
Olivenöl nach Bedarf

Die Salatgurke der Länge nach halbieren, Kerne entfernen und Gurkenfleisch in Würfel schneiden. Cocktailtomaten halbieren oder vierteln, Frühlingszwiebeln in feine Ringe schneiden, Paprika entkernen und würfeln. Knoblauchzehe schälen und fein hacken. Die Kichererbsen in ein Sieb gießen, kurz mit kaltem Wasser abspülen und abtropfen lassen. Petersilie hacken. Alle Zutaten in eine große Schüssel füllen und vermengen. Mit Salz, Pfeffer, wenig Zucker, Zitronensaft und Olivenöl abschmecken und bis zum Servieren zugedeckt kühlen.

Auf Gläser oder Schalen verteilen oder in einer großen Schale servieren.

Picalilly

Das süß-saure und aromatische Sammelsurium an Gemüse und Früchten wird in England traditionell am zweiten Weihnachtsfeiertag, dem Boxing Day, gegessen. Viel zu schade – wie ich finde –, diese Köstlichkeit nur an einem Tag zu genießen.

Zutaten für ca. 3 Gläser à 400 ml
3 Handvoll grüne Bohnen
2 Karotten
je 1 rote und gelbe Paprika
3 Handvoll Schalotten
ca. 4 Handvoll Blumenkohlröschen
1–2 Pfefferoni
2 Handvoll Salz

sowie
1 Mango
1 säuerlicher Apfel

Für den Sud
400 ml weißer Balsamicoessig
250 g brauner Zucker
2 TL gemahlener Kreuzkümmel
je 1 TL dunkle und helle Senfkörner
(ersatzweise nur helle)
3 TL aromatisches Currypulver
1/2 TL gemahlener Ingwer
etwas frisch geriebene Muskatnuss

Nach Belieben
1–2 TL Speisestärke

Von den Bohnen die Enden abschneiden und die Bohnen halbieren. Karotten schälen und in Scheiben schneiden, Paprika in Streifen oder Quadrate schneiden, Schalotten schälen und die größeren halbieren. Alle Gemüsesorten mit Wasser bedecken und 2 Handvoll Salz einrühren. Für 4–6 Stunden oder am besten über Nacht zugedeckt stehen lassen.

Anschließend Mango schälen, am Kern entlang das Fruchtfleisch abschneiden und würfeln. Apfel ebenfalls schälen, entkernen und würfeln. Beides bereitstellen.

Für den Sud Essig mit dem Zucker und den Gewürzen aufkochen und wenige Minuten kochen lassen. Das Gemüse gut abtropfen lassen, zum Sud geben, Mango und Apfel dazugeben. Aufkochen und ca. 8–10 Minuten köcheln lassen. Anschließend nach Belieben mit in kaltem Wasser angerührter Speisestärke binden und noch weitere 2–3 Minuten kochen lassen. Heiß bis zum Rand in saubere Gläser füllen und sofort schließen. Für einige Minuten auf den Kopf stellen.

Das Picalilly ist kühl und dunkel gelagert mehrere Monate haltbar; geöffnet im Kühlschrank lagern und während ca. 2 Wochen genießen.

Ob Sie Picalilly nun traditionell am 26. Dezember zu den kalten Truthahnresten genießen oder das ganze Jahr über zu einer herzhaften Jause, zu gegrilltem Fleisch, Fisch oder Gemüse, überlasse ich an dieser Stelle gerne Ihnen.

Rote Zwiebeln süß-sauer

Zutaten für ca. 3 Gläser à 250 ml
1 kg rote Zwiebeln
1 TL gelbe Senfkörner
10–12 schwarze Pfefferkörner

Für den Sud
300 ml Rotweinessig
150 g Kristallzucker
1–2 EL Honig
1–2 TL Salz
1 Lorbeerblatt

Die Zwiebeln schälen und in Ringe schneiden oder hobeln. In eine Schüssel geben, mit kochendem Wasser übergießen, 10 Sekunden ziehen lassen, anschließend über einem Sieb abgießen und abtropfen lassen. Mit Senf- und Pfefferkörnern vermengen und in saubere Gläser füllen. Gut andrücken.

Für den Sud sämtliche Zutaten erhitzen, bis sich der Zucker vollständig gelöst hat. Abschmecken und noch heiß bis zum Rand in die Gläser füllen. Diese gut verschließen und bei Raumtemperatur auskühlen lassen. Anschließend im Kühlschrank aufbewahren.

Die süß-sauren Zwiebeln sind mehrere Wochen haltbar.

Sie schmecken wundervoll zu einer Jause, zu Käse, Fleischgerichten, zum Barbecue, Fondue, Raclette, zum Käsefondue …

DIP-TIPP:

Barbecue- und Burgersauce

Zutaten für 6–8 Personen
1 halbes Glas Mixed Pickles
1 Schalotte
1 Knoblauchzehe
4 EL Mayonnaise
1 EL gehackte Petersilie
Salz und Pfeffer
wenig Zucker
1 Spritzer Zitronensaft
2 EL Sauerrahm

Die Mixed Pickles aus dem Sud heben und fein hacken oder im Blitzhacker zerkleinern. Schalotte und Knoblauchzehe schälen und sehr fein schneiden. Mixed Pickles, Schalotte und Knoblauch mit der Mayonnaise sowie der Petersilie vermengen und mit Salz und Pfeffer sowie Zucker und etwas Zitronensaft abschmecken. Sauerrahm vorsichtig unterheben und gut gekühlt mehrere Stunden ziehen lassen.

Mixed Pickles

Zutaten für 3 Gläser à ca. 400 ml
ca. 250 g sehr kleine Zwiebeln
2–3 Selleriestangen
ca. 250 g Karotten
ca. 200 g Mini-Maiskölbchen
ca. 300 g Blumenkohlröschen

Für den Sud
2 Knoblauchzehen
300 ml Weißwein
150 ml weißer Balsamicoessig oder Weißweinessig
125 g Zucker
1 gehäufter EL Salz
1–2 Lorbeerblätter
6 Pimentkörner
1 Espressolöffel bunte Pfefferkörner
je 1/2 Espressolöffel Senfkörner, Fenchelsamen und Koriandersamen

Zwiebeln schälen und je nach Größe ganz lassen oder halbieren, vom Stangensellerie die Fäden abziehen und schräg in Stücke schneiden, Karotten schälen und in Scheiben schneiden, Maiskölbchen je nach Größe der Länge nach halbieren, Blumenkohlröschen bereitstellen.

Für den Sud Knoblauchzehen schälen und mit allen Zutaten zum Kochen bringen. Nun alle Gemüsesorten im Sud bissfest garen, dabei die unterschiedlichen Garzeiten beachten. Die Zwiebeln zuerst in den Sud geben, diese benötigen ca. 10 Minuten, Karotten, Sellerie und Blumenkohl brauchen ca. 4 Minuten, also nach 6 Minuten dazugeben, Maiskölbchen ca. 3 Minuten, also 1 Minute später hinzufügen.

Wenn das Gemüse bissfest gegart ist, mit einer Schaumkelle aus dem Sud heben, in saubere Gläser füllen und gut andrücken. Den Sud noch einmal erhitzen und kochend heiß bis zum Rand in die Gläser gießen. Diese fest verschließen, kurz auf den Kopf stellen, anschließend bei Raumtemperatur auskühlen lassen. Während dieser Zeit sollte sich automatisch ein Vakuum bilden.

Die Mixed Pickles sind kühl und dunkel gelagert mehrere Monate haltbar. Nach dem Öffnen im Kühlschrank lagern und während 2–3 Wochen genießen.

Mixed Pickles schmecken einfach köstlich zu einer herzhaften Jause, zu Käse, Speck, Salami, aber auch zu gegrilltem Fleisch, zum Fondue – und zwar auch wundervoll zum Käsefondue. Nicht fehlen dürfen sie auf einer Raclette-Party, als Garnitur für belegte Brötchen, und versuchen Sie bitte einfach einmal die im vorigen Rezept beschriebene Barbecue- und Burgersauce.

Fenchel süß-sauer

Zutaten für ca. 2 Gläser à 300 ml
ca. 700 g Fenchel
1 TL Fenchelsamen

Für den Sud
300 ml Weißweinessig
150 ml Weißwein
ca. 200 g Zucker
1–2 TL Salz

Fenchelgrün entfernen, Strunk herausschneiden und den Fenchel in feine Scheiben schneiden oder hobeln. Mit den Fenchelsamen vermengen und auf saubere Gläser verteilen. Gut andrücken.

Für den Sud alle Zutaten erhitzen, bis sich der Zucker aufgelöst hat. Noch heiß über den Fenchel gießen, Gläser schließen und bei Raumtemperatur auskühlen lassen.

Anschließend im Kühlschrank lagern. Der Fenchel kann gleich gegessen werden, sein volles Aroma entwickelt er aber nach 2–3 Tagen.

Im Kühlschrank gelagert ist der Fenchel 4–6 Wochen haltbar.

Der Fenchel passt wundervoll zu vielen Fleischgerichten, zum Beispiel zum knusprigen Schweinebauch von Seite 176, aber auch zum Fondue, zum Raclette, zu einer Jause, zu Terrinen und Pasteten und vielem mehr.

Curry-Zucchini

Zutaten für 2 Gläser à ca. 400 ml
ca. 600 g kleine Zucchini
2 gelbe Paprikaschoten
2 mittelgroße Zwiebeln

Für den Sud
200 ml Apfelsaft
200 ml Apfelessig oder weißer Balsamicoessig
4–5 EL brauner Zucker
2–3 TL Salz
1 gehäufter EL aromatisches Currypulver

Die Zucchini nach Belieben in Scheiben oder halbierte Scheiben schneiden, Paprika entkernen und in Streifen schneiden. Zwiebeln schälen, halbieren und ebenfalls in Streifen schneiden.

Apfelsaft, Essig, Zucker, Salz und Currypulver aufkochen, Paprika und Zwiebeln dazugeben und ca. 2 Minuten kochen lassen. Zucchini dazugeben, wieder erhitzen und 3 Minuten kochen lassen. Das Gemüse mit einer Schaumkelle aus dem Sud heben und noch heiß in saubere Gläser füllen. Mit heißem Sud beinahe randvoll auffüllen und gut verschließen. Für einige Minuten auf den Kopf stellen, anschließend bei Raumtemperatur auskühlen lassen.

Kühl und dunkel gelagert sind die Zucchini mehrere Monate haltbar. Geöffnet im Kühlschrank aufbewahren und während ca. 2–3 Wochen genießen.

Die Curry-Zucchini passen wundervoll zu einer herzhaften Jause, die mit dem aromatischen Curryaroma süß-sauer aufgepeppt wird.

Honig-Thymian-Zwiebelchen

Zutaten für 1 Glas à 750 ml oder 2 Gläser à 350 ml

ca. 750 g Perlzwiebeln (ersatzweise Schalotten)
70 g Salz

sowie

400 ml Apfel- oder weißer Balsamicoessig
180 g Honig
2–3 Zweige Thymian

Die ungeschälten Perlzwiebeln in eine große Schüssel füllen und mit kochendem Wasser übergießen. Im Wasser auskühlen lassen, anschließend abgießen, schälen und zurück in die Schüssel füllen. Salz darüberstreuen, kurz durchmischen und zugedeckt über Nacht kühlen. Am Folgetag die Zwiebeln in ein großes Sieb gießen, gut mit Wasser abspülen und auf Küchenkrepp trocknen. Danach in ein großes sauberes Glas geben und fest andrücken.

Essig und Honig mit den Thymianzweigen erhitzen, nicht kochen. Heiß über die Zwiebelchen gießen, das Glas verschließen und bei Raumtemperatur auskühlen lassen. Anschließend im Kühlschrank lagern. Die Zwiebelchen entfalten erst nach ca. 2 Wochen ihr volles Aroma. Gut gekühlt und mit Sud bedeckt sind sie mehrere Wochen haltbar.

Die Honig-Thymian-Zwiebelchen passen wundervoll zu Käse oder einer herzhaften Jause. Aber auch zu einem zarten gegrillten Steak oder zum Schweine- oder Lammbraten schmecken sie richtig lecker.

... in Öl eingelegtes Gemüse ...

Gegrillte Zucchini in Öl

Kaum zu glauben, was man aus diesem ansonsten doch recht langweiligen Gemüse zaubern kann.

Zutaten für 2–3 Gläser à 250 ml

7–8 eher kleine Zucchini
2 Chilis
2 Knoblauchzehen
ca. 3 EL gemischte gehackte Kräuter (Rosmarin, Thymian, Oregano, Minze ...)
Salz und Pfeffer
Olivenöl nach Bedarf

Die Enden der Zucchini entfernen und die Zucchini der Länge nach in ca. 2–3 mm dicke Streifen schneiden; das geht am besten mit einer Aufschnittmaschine oder einem geeigneten Gemüsehobel. Chilis entkernen und fein schneiden, Knoblauchzehen schälen und ebenfalls fein schneiden. Beides zusammen mit den Kräutern sowie mit Salz und Pfeffer mischen.

Anschließend die Zucchini in einer Grillpfanne ohne Öl nacheinander beidseitig grillen. Nebeneinander in eine Form schichten, mit der Gewürzmischung bestreuen und mit Öl beträufeln. So nach und nach alle Zucchini grillen und in die Form schichten, dabei immer wieder würzen und mit Olivenöl bedecken. Sind alle Zucchini gegrillt und gewürzt, in saubere Gläser füllen, gut andrücken und mit Olivenöl (oder Raps- und Olivenöl gemischt) bedecken, dazu mit etwas Frischhaltefolie abdecken.

Im Kühlschrank aufbewahren und während ungefähr 2–3 Wochen genießen.

Die Zucchini schmecken himmlisch zu einer mediterranen Jause, zu verschiedenen Antipasti, zu einem Stückchen Brot, aber auch als Beilage zum Barbecue und anderen Fleisch- und Fischgerichten. Probieren Sie die Zucchini bitte unbedingt zur Ziegenkäse-Panna-cotta von Seite 167.

Aus den gegrillten Zucchini zaubern Sie außerdem meine wundervollen und schnell gemachten Röllchen mit Ziegenfrischkäse, die Sie entweder zum Aperitif, zu Salaten, zu gemischten Antipasti und zu vielen anderen Vorspeisen servieren können.

Zucchiniröllchen

MIT ZIEGENKÄSE

Dazu die Zucchini aus der Marinade heben, etwas abtropfen lassen und mit je 1 TL Ziegenfrischkäse füllen und einrollen. So fortfahren, bis Zucchini und/oder Ziegenkäse aufgebraucht sind oder Sie einfach genügend Röllchen haben. Zugedeckt bis zum Servieren kühlen. Sie brauchen ungefähr 250 g Ziegenfrischkäse für 30 Röllchen.

Gegrillte Paprika in Öl

Zutaten für ca. 2 Gläser à 300 ml
6–8 Paprikaschoten (gelb und rot)
Salz und Pfeffer
etwas Rotweinessig
1 Knoblauchzehe
ca. 200 ml Olivenöl

Die Paprikaschoten mit dem Sparschäler so gut es geht schälen, entkernen und in längliche Stücke schneiden. In einer Grillpfanne ohne Öl nach und nach beidseitig grillen, dabei eventuell mit einem breiten Topf beschweren, damit die gebogenen Paprikastücke gleichmäßig gegrillt werden. Die Paprikastücke aus der Pfanne heben, mit etwas Salz und Pfeffer würzen und mit wenig Essig beträufeln. Wenn alle Paprikastücke gegrillt sind, diese zugedeckt mindestens 1 Stunde marinieren. Anschließend in ausgekochte Gläser füllen und gut andrücken.

Die Knoblauchzehe schälen, halbieren und in feine Scheiben schneiden. Olivenöl mit den Knoblauchscheiben auf ca. 90 °C erhitzen, die Gläser damit auffüllen und gut verschließen. Gut verschlossen und im Kühlschrank gelagert sind die Paprika 2–3 Monate haltbar. Geöffnet innerhalb von 1–2 Wochen genießen.

Die gegrillten Paprika passen wundervoll zu einer mediterranen Jause, zu Parmaschinken, Käsevariationen, zu gegrilltem Fleisch und Fisch, oder Sie zaubern daraus eine wundervoll aromatische Linsensuppe mit gegrillten Paprika.

Tipp: *Nach diesem Rezept lassen sich auch sehr viele andere Gemüsesorten grillen und in Öl einlegen – z. B. Auberginen, Schalotten, auch Blumenkohl, kleine Maiskölbchen und vieles mehr.*

Rote-Linsen-Paprika-Suppe

Zutaten für ca. 4 Personen
150 g rote Linsen
1 Zwiebel
1 Knoblauchzehe
1 kleine rote Chili
1 halbes Glas gegrillte Paprika in Öl + zusätzlich etwas Öl davon
je 1 Zweig Rosmarin und Thymian
1 Lorbeerblatt
ca. 1 l Gemüsefond
300 g passierte oder gewürfelte Tomaten
Salz und Pfeffer
etwas Zucker
etwas Zitronensaft

Zum Servieren
4–6 EL griechischer Joghurt (ersatzweise Sauerrahm)
frisch gemahlener Pfeffer
frische Petersilie und/oder Minze

Die Linsen in ein Sieb geben und unter fließendem Wasser spülen. Zwiebel und Knoblauch schälen und fein schneiden. Chili entkernen und ebenfalls fein schneiden. Die Paprika aus dem Öl heben und würfeln.

Etwas Öl von den gegrillten Paprika in einem Topf erhitzen. Die Zwiebelwürfelchen darin mehrere Minuten glasig dünsten. Knoblauch und Chili sowie die Kräuter dazugeben und weiterdünsten. Linsen und Paprika einrühren und mit Gemüsefond und passierten Tomaten aufgießen. Langsam köcheln lassen, bis die Linsen weich sind. Die Kräuter entfernen und die Suppe mit dem Mixstab pürieren. Anschließend die Konsistenz – nach Bedarf – mit etwas Fond korrigieren. Mit Salz und Pfeffer sowie – wenn nötig – etwas Zucker würzen und mit Zitronensaft abschmecken.

Die Suppe in vorgewärmten Tellern anrichten, jeweils 1 EL Joghurt oder Sauerrahm daraufsetzen, mit etwas Pfeffer bestreuen, etwas Öl von den Paprika darüberträufeln und mit den frischen Kräutern nach Wahl garnieren.

Dazu passt wundervoll ein knuspriges Stückchen Brot.

Tipp: *Mit etwas Kreuzkümmel und einem Hauch Zimt verleihen Sie der Suppe im Handumdrehen eine orientalische Note. Und mit einem aromatischen Curry wird's indisch – dann müssen Sie nur noch etwas Naan (siehe Rezept auf Seite 22) dazu servieren.*

Getrocknete Cocktailtomaten in Öl

Zutaten für 3–4 Gläser à 150 ml
500 g Cocktailtomaten
2 Knoblauchzehen
1 EL Meersalz
1 TL Zucker
2 EL gehackte Kräuter (Thymian, Rosmarin, Oregano)

sowie
1 Schuss weißer Balsamicoessig
feinstes Olivenöl und Rapsöl nach Bedarf

Den Backofen auf 60 °C Heißluft vorheizen. Ein Backblech mit Backpapier belegen. Die Tomaten halbieren. Knoblauch schälen, fein schneiden und zusammen mit Salz, Zucker und Kräutern vorsichtig unter die Tomaten mengen. Diese mit der Schnittfläche nach oben auf dem Backblech verteilen und im Backofen bei angelehnter Tür für ca. 6–8 Stunden – je nach Größe – trocknen. Dabei nach 4 Stunden vom Backpapier lösen und leicht versetzen. Die Tomaten müssen nicht völlig trocken gedörrt sein! Anschließend in ein Schraubglas füllen, einen kleinen Schuss Essig dazugeben und mit halb Oliven-/halb Rapsöl gut bedecken. Mit einem Stückchen Frischhaltefolie abdecken, damit die Tomaten völlig vom Öl bedeckt sind. Im Kühlschrank für mindestens 1 Woche ziehen lassen.

Anschließend bitte nicht nur die Tomaten genießen, sondern auch das aromatische Öl für Dressings, Pasta, zu Brot u. v. m. verwenden. Die Tomaten sind – immer mit Öl bedeckt – mehrere Monate haltbar.

Die Cocktailtomaten in Öl passen zu den verschiedensten mediterranen Gerichten, ob kalt oder warm, zu Pasta, Risotto, zu Fisch und Fleisch und vielem mehr.

Pezis hausgemachte Ravioli

MIT ZIEGENKÄSE UND SPINAT

... die herrlichen Ravioli schmecken einfach himmlisch!

Zutaten für 4–6 Personen
300 g Kuchenmehl Type 480
1 TL Salz
2 Eier
2 EL Olivenöl
etwas lauwarmes Wasser nach Bedarf

Für die Füllung
150 g frischer Blattspinat
1 kleine Knoblauchzehe
1 TL Butter
Salz und Pfeffer
etwas abgeriebene Schale von
1 Bio-Zitrone
200 g Ziegenfrischkäse (oder Ricotta)
1 EL gehackte Walnusskerne

außerdem
Mehl zum Ausrollen
Ei oder Eiweiß zum Bearbeiten
Salz

Zum Servieren
ca. 1 Handvoll Salbeiblätter
2–3 EL Butter
1 Glas Cocktailtomaten in Öl
frisch geriebener Parmesan

Für den Teig sämtliche Zutaten vermengen und mit der Küchenmaschine oder den Knetaufsätzen des Mixers zu einem glatten, geschmeidigen, aber recht festen Teig kneten. Diesen anschließend auf der Arbeitsplatte von Hand noch fast 10 Minuten kneten. In Frischhaltefolie wickeln und für mindestens 1 Stunde kühlen.

Währenddessen die Füllung zubereiten. Den Spinat waschen und trockenschleudern. Die Knoblauchzehe schälen und sehr fein hacken. In einer Pfanne die Butter schmelzen und den Blattspinat darin anschwitzen. Knoblauch dazugeben und einige Minuten dünsten. Mit Salz und Pfeffer sowie etwas Zitronenabrieb würzen und auskühlen lassen. Anschließend grob hacken, mit dem Frischkäse und den Nusskernen vermengen und zugedeckt kühlen.

Den Teig aus dem Kühlschrank nehmen, vierteln und nacheinander sehr dünn ausrollen. Auf eine Hälfte eines Teigblattes die Füllung in Abständen in kleinen Häufchen verteilen und rundherum mit Ei oder Eiweiß bestreichen. Die zweite Teighälfte über die Füllung klappen, rund um die Häufchen gut und luftdicht andrücken und mit einem runden Ausstecher ausstechen. Mit einer Gabel den Rand andrücken.

In einem großen Topf reichlich Salzwasser zum Kochen bringen und die Ravioli darin ca. 3 bis 5 Minuten – je nach Dicke des Teiges – mehr ziehen als kochen lassen.

Währenddessen die Salbeiblätter in der Butter anschwitzen. Ravioli aus dem Nudelwasser direkt in die Pfanne schöpfen und in der Salbeibutter schwenken. Auf vorgewärmte Teller verteilen, eingelegte Cocktailtomaten dazusetzen, mit Parmesan bestreuen und servieren.

Tipp: *Die fertig geformten Ravioli können Sie – auf einer bemehlten Platte mit genügend Abstand – schockfrosten, anschließend gut verschlossen tiefgekühlt bis zur Verwendung, aber nicht länger als 3–4 Wochen lagern. Noch tiefgekühlt ins Kochwasser legen und ca. 2 Minuten länger ziehen lassen.*

Gefüllte Paprika und Pfefferoni

Zutaten für 1 großes Glas à 750 ml oder 2 kleine à 350 ml
je ca. 10 rote und grüne Pfefferoni
10 kleine rote Paprika
etwas Olivenöl

Für die Füllung
400 g Doppelrahmfrischkäse natur
1–2 EL frisch geriebener Meerrettich (ersatzweise aus dem Glas)
Salz und Pfeffer
etwas Zitronensaft

sowie
ca. 250 ml Raps- und Olivenöl gemischt

Pfefferoni und Paprika waschen, Stielansatz abschneiden und die Pfefferoni und Paprika mit einem kleinen, schmalen Messer so gut es geht entkernen. Restliche Samen aus den Früchten schütteln und bereitstellen.

In einer breiten Pfanne Olivenöl erhitzen und die Pfefferoni und Paprika in 2–3 Etappen jeweils ca. 3 Minuten braten. Auf Küchenkrepp auskühlen lassen.

Für die Füllung den Frischkäse mit den restlichen Zutaten vermengen und pikant abschmecken. Die Creme in einen Spritzbeutel füllen und die Pfefferoni sowie die Paprika füllen. In ein großes oder zwei kleinere saubere Gläser schichten und gut andrücken. Mit der Ölmischung ganz bedecken und gut kühlen.

Die gefüllten Paprika und Pfefferoni sind – gut gekühlt und immer mit Öl bedeckt – ca. 2 Wochen haltbar.

Servieren Sie die kleinen Köstlichkeiten zu einer Jause, zum Frühstück, zu einem Salat, mit verschiedenen Antipasti als Vorspeise oder einfach pur mit einem Stück Brot … lecker!

Kräuteroliven in Öl

Hier werden ganz normale Oliven einfach nur geschmacklich aufgepeppt.

Zutaten für 3 Gläser à 300 ml
je 1 Glas (à ca. 180 g Abtropfgewicht) grüne und zweierlei schwarze Oliven (bitte in guter Qualität und ohne Zusatzstoffe!)
2 Handvoll gemischte Kräuter nach Wahl (Rosmarin, Thymian, Oregano, Minze, Basilikum …)
2 Knoblauchzehen
Saft und abgeriebene Schale von 1 Bio-Zitrone
Olivenöl nach Bedarf

Die Oliven abgießen, unter fließendem Wasser abspülen und auf Küchenkrepp trocknen. Anschließend in eine große Schüssel füllen.

Kräuter fein hacken, Knoblauchzehen schälen und ebenfalls fein hacken. Mit dem Zitronensaft und -abrieb unter die Oliven mengen und kurz ziehen lassen. Anschließend in saubere Gläser füllen, gut andrücken und mit Olivenöl bedecken. Gut verschließen und im Kühlschrank aufbewahren.

Die Oliven sind kühl gelagert und immer mit etwas Olivenöl bedeckt mehrere Wochen haltbar.

Sie sind wundervoll zum Aperitif, zu Antipasti, Salaten, Pastagerichten, zu meiner Dorade von Seite 32 und zu vielem mehr.

Knoblauchkarotten

Zutaten für ca. 2 Gläser à 300 ml
ca. 500 g kleine Karotten
3–4 Knoblauchzehen
Salz
Saft von 1/2 Bio-Zitrone
Olivenöl nach Bedarf

zum Servieren
frisch gemahlener schwarzer Pfeffer

Knoblauchzehen schälen und fein würfeln. Karotten schälen und in ca. 5 mm dicke Scheiben schneiden. In reichlich Salzwasser bissfest blanchieren, in Eiswasser abschrecken, abgießen, noch leicht warm mit Zitronensaft und eventuell etwas Salz würzen und mit Olivenöl sowie den Knoblauchwürfelchen vermengen. In saubere Gläser füllen, gut andrücken und mit Olivenöl bedecken. Gut verschließen und im Kühlschrank lagern.

Die Knoblauchkarotten sind ca. 2 Wochen haltbar.

Zum Servieren einfach noch mit etwas schwarzem Pfeffer bestreuen. Die Karotten passen wundervoll zum Aperitif, z. B. mit den Oliven, aber auch zu vielen mediterranen Gerichten, als Antipasti, zum Raclette und vielem mehr.

MAKING OF ...

*»Eine gute Küche
ist das Fundament
allen Glücks.«*

GEORGES AUGUSTE ESCOFFIER

Geniale Dips & Saucen

Herrje, ich liebe Dips und Saucen! Ich bin die, die gerne eine alte Semmel in Ketchup taucht und hingerissen ist von diesem leckeren Gaumenschmaus! Ich bin die, die bei einer Weißwurstpartie nur Brezel mit Senf isst, und die, die beim Fondue immer schon vom Brot-in-Saucen-Tunken satt ist, wenn das Öl endlich heiß genug wäre, um Fleisch einzutauchen.

Dips und Saucen sind einfach wundervoll – und wenn auch Sie gerne alles in alles tunken, dann sind Sie bei diesem Kapitel genau richtig! Zu den leckeren Rezepten liefere ich Ihnen nämlich auch noch die Speisen, die Sie in ebendiese Dips und Saucen tunken können!

Natürlich ist Dip nicht gleich Dip und so finden Sie auf den folgenden Seiten die verschiedensten Saucen, Klassiker wie Ketchup in verschiedenen Varianten, Fernöstliches wie die süß-saure Chilisauce, Exotisches mit Mango, Barbecue-Saucen mit Cola und vieles mehr.

Wie die Chutneys sind auch die meisten Dips und Saucen würzig und süß-sauer – aber eben als Sauce, d. h. meist fein püriert, herrlich samtig, manchmal eher sirupartig, mal scharf, mal mild, mal süßlich, mal fruchtig ...

Geliebtes Ketchup!

Klassisches Tomatenketchup

Für ca. 3 Flaschen à 200 ml
2-fache Grundmasse für Tomatenketchup (Rezept siehe unten)
120 ml weißer Balsamico- oder Apfelessig
100 g weißer oder brauner Zucker
1–2 TL Salz

Die Grundmasse mit Essig und Zucker sowie Salz in einen Topf geben und bis zur gewünschten Konsistenz köcheln lassen. Dabei immer wieder – vor allem am Ende der Kochzeit – umrühren. Achtung – es spritzt! Wenn nötig mit etwas Salz abschmecken und durch ein sehr feines Sieb streichen. Noch heiß in saubere Flaschen füllen, gut verschließen und kurz umdrehen.

Kühl und dunkel lagern. Nach dem Öffnen im Kühlschrank aufbewahren und innerhalb von 2–3 Wochen genießen.

GRUNDMASSE FÜR TOMATENKETCHUP

1 kg frische reife Tomaten
1–2 Zwiebeln
1 Knoblauchzehe
1 kleines Stück Stangensellerie
etwas Olivenöl
1 Lorbeerblatt
2 Gewürznelken
1 Scheibe frischer Ingwer
1 Espressolöffel Senfkörner
3–4 schwarze Pfefferkörner
1 sehr kleines Stückchen Zimtstange

Von den Tomaten nur die Stilansätze entfernen, anschließend grob schneiden. Zwiebeln und Knoblauch schälen und würfeln. Vom Stangensellerie die Fäden abziehen und in Scheiben schneiden. Olivenöl erhitzen und Zwiebeln, Knoblauch sowie die Stangenselleriestücke mehrere Minuten farblos anschwitzen. Die grob gewürfelten Tomaten dazugeben und erhitzen. Die Gewürze in einen Teefilter füllen, zu den Tomaten geben und alles für ca. 50–60 Minuten leise köcheln lassen. Das Gewürzsäckchen entfernen und die Masse durch ein Sieb streichen oder durch die Flotte Lotte passieren.

Selbstgemachte Pommes frites

Zutaten für 4–6 Personen
1 kg große mehlige Kartoffeln
reichlich Öl zum Frittieren
Salz

Für die selbstgemachte Mayonnaise
1 frisches Bio-Ei
1 TL Senf
2 TL Zitronensaft oder Essig
ca. 250 ml Raps- oder Traubenkernöl
Salz
schwarzer Pfeffer aus der Mühle

sowie
1 Flasche selbstgemachtes Ketchup

Für die Mayonnaise das Ei mit Senf und Zitronensaft oder Essig mit dem Mixstab kräftig aufmixen. Anschließend das Öl sehr langsam einfließen lassen, dabei immer gut mixen, bis eine cremige Mayonnaise entsteht. Mit Salz und Pfeffer sowie – wenn nötig – noch etwas Zitronensaft würzen und zugedeckt kühlen.

Die Kartoffeln schälen, erst in Scheiben und anschließend in Stifte schneiden, je nachdem, ob Sie dünnere oder dickere Pommes bevorzugen. Die Kartoffelstifte in eine große Schüssel mit kaltem Wasser füllen.

In einem geeigneten Topf – ich nehme meistens einen Wok – 4 Fingerbreit Öl erhitzen. Eine Portion der Kartoffelstifte aus dem Wasser heben und mit Küchenkrepp oder einem Tuch gut trocknen. Die Pommes zuerst im 170 °C heißen Öl für ca. 6–8 Minuten vorgaren, aus dem Öl heben und bereitstellen. Sind alle Kartoffelstifte portionsweise vorgegart, das Öl auf 180–190 °C erhitzen und die Pommes – wieder portionsweise – für ca. 3–5 Minuten goldbraun fertig backen. Aus dem Fett heben, gut abtropfen lassen und mit etwas Salz gewürzt natürlich nicht ohne Ketchup und Mayonnaise servieren.

Ananas-Chili-Ketchup

Der fruchtig-frische Geschmack dieses Ketchups hat mich beim Experimentieren richtiggehend überwältigt.

Für ca. 3 Flaschen à 200 ml
1 Portion Grundmasse für Tomatenketchup (Rezept siehe Seite 117)
ca. 500 g Ananasfruchtfleisch
3–5 kleine rote Chilis
120 ml weißer Balsamico- oder Apfelessig
80 g weißer oder brauner Zucker
1–2 TL Salz

Das Ananasfruchtfleisch grob würfeln, die Chilis entkernen und beides im Standmixer fein pürieren. Mit der Grundmasse in einen Topf geben und mit Essig und Zucker sowie Salz bis zur gewünschten Konsistenz köcheln lassen. Dabei immer wieder – vor allem am Ende der Kochzeit – umrühren. Achtung – es spritzt! Wenn nötig mit etwas Salz abschmecken und durch ein sehr feines Sieb streichen. Noch heiß in saubere Flaschen füllen, gut verschließen und kurz umdrehen.

Kühl und dunkel lagern. Nach dem Öffnen im Kühlschrank aufbewahren und innerhalb von 2 Wochen genießen.

Das Ananas-Chili-Ketchup passt natürlich auch zu Pommes, ganz wundervoll zu Gerichten mit Hühnerfleisch, aber auch zu gegrilltem Lamm und Gemüse, zu Garnelen und anderen Fischen und zu karibisch angehauchten Gerichten mit oder ohne Ananas.

Karibische Entenbrust

MIT PIKANTER ANANAS

Für 4–6 Personen
4–6 Entenbrüstchen à ca. 150 g
2–3 TL grobes Salz
je 1 Espressolöffel schwarze Pfefferkörner, Piment, Chiliflocken
je 1 Msp. gemahlener Ingwer, Muskat, geräuchertes Paprikapulver und Zimt
2 Zweiglein Zitronenthymian

Für die Ananas
ca. 300 g Ananas
1/2 rote Paprikaschote
1 kleine rote Zwiebel
1 kleine rote Chili
1 Zweiglein frische Minze
einige Koriander- oder Petersilienblättchen
2 EL Limettensaft
2–3 EL Olivenöl
1 EL Ananas Chili-Ketchup (ersatzweise Sweet-Chili-Sauce)
Salz

Die Fettschicht der Entenbrüstchen kreuzweise einschneiden. Salz mit den Gewürzen sowie den abgezupften Thymianblättchen im Mörser fein zerreiben, die Entenbrüstchen damit gründlich einreiben und kurz marinieren.

Den Backofen auf 80 °C Ober-Unterhitze vorheizen. Die Entenbrüstchen ohne Öl zuerst auf der Hautseite ca. 4 Minuten braten. Umdrehen und weitere 2 Minuten braten. Für ca. 20 Minuten im Backofen fertig garen lassen.

Währenddessen die Ananas schälen, vierteln, den Strunk entfernen und in Scheiben schneiden. Paprika würfeln, Zwiebel in feine Streifen schneiden, Chili entkernen und fein schneiden, die Kräuter ebenfalls fein schneiden. Alle Zutaten vorsichtig vermengen und mit Limettensaft, Öl, Ketchup und Salz pikant abschmecken. Zugedeckt marinieren.

Die Entenbrüstchen aus dem Backofen nehmen, in dünne Scheiben schneiden und mit den marinierten Ananasscheiben dekorativ anrichten. Mit etwas Ananas-Chili-Ketchup und frischem Koriander servieren.

Zum Servieren
Ananas-Chili-Ketchup (ersatzweise Sweet-Chili-Sauce)
Koriander (ersatzweise Petersilie) zum Bestreuen

Mango-gelbe-Tomaten-Ketchup

Für ca. 3 Flaschen à 200 ml

1 Portion Grundmasse für Tomatenketchup aus GELBEN Tomaten (Rezept Seite 117)
2 reife Mangos
120 ml weißer Balsamico- oder Reisessig
80 g weißer oder brauner Zucker
1–2 TL Salz
1 Spritzer Limettensaft

Die Mangos schälen, das Fruchtfleisch grob würfeln und im Standmixer fein pürieren. Mit der Grundmasse in einen Topf geben und mit Essig und Zucker sowie Salz bis zur gewünschten Konsistenz köcheln lassen. Dabei immer wieder – vor allem am Ende der Kochzeit – umrühren. Achtung – es spritzt! Wenn nötig mit etwas Salz sowie einem Spritzer Limettensaft abschmecken und durch ein sehr feines Sieb streichen. Noch heiß in saubere Flaschen füllen, gut verschließen und kurz umdrehen.

Kühl und dunkel lagern. Nach dem Öffnen im Kühlschrank aufbewahren und innerhalb von 2 Wochen genießen.

Das Mango-Gelbe-Tomaten-Ketchup passt wundervoll zu Fleisch und Fisch, zum Fondue, zum Barbecue und vielem mehr.

Coconut-Garnelen

Für 4–6 Personen
800 g ca. daumengroße Garnelen, geschält, entdarmt
Salz und Pfeffer

Für die Panade
etwas Mehl
3 Eier
1 Schuss Sahne
2 Handvoll Semmelbrösel
2 Handvoll Kokosraspel

sowie
Öl zum Frittieren

zum Servieren
Mango-Gelbe-Tomaten-Ketchup
sowie – nach Belieben –
Sweet-Chili-Sauce (Seite 145)
und/oder
mediterrane Kräutersalsa (Seite 54)
Limettenspalten
frische Koriander- oder Petersilienblättchen

Die Garnelen in der Mitte bis 2 cm vor dem Schwanzteil einschneiden. Mit Salz und Pfeffer würzen und in Mehl, Ei-Sahne- und Semmelbrösel-Kokosraspelmischung panieren. Anschließend in reichlich heißem Öl goldbraun backen. Aus dem Fett heben, auf Küchenkrepp abtropfen lassen und noch heiß mit dem Mangoketchup und – wenn Sie mögen – vielen anderen Dips und Saucen nach Belieben sowie Limettenspalten und einigen Kräuterblättchen bestreut servieren.

Pfirsich-Rosmarin-Ketchup

Für ca. 3 Flaschen à 200 ml

1 Portion Grundmasse für Tomatenketchup (Rezept Seite 117)
ca. 500 g Pfirsiche ohne Kerne
3 Zweiglein Rosmarin
120 ml weißer Balsamico- oder Apfelessig
80 g weißer oder brauner Zucker
1–2 TL Salz

Die Pfirsiche grob würfeln und im Standmixer fein pürieren. Vom Rosmarin die Nadeln abzupfen und fein hacken. Beides mit der Grundmasse in einen Topf geben und mit Essig und Zucker sowie Salz bis zur gewünschten Konsistenz köcheln lassen. Dabei immer wieder – vor allem am Ende der Kochzeit – umrühren. Achtung – es spritzt! Wenn nötig mit etwas Salz abschmecken und durch ein sehr feines Sieb streichen. Noch heiß in saubere Flaschen füllen, gut verschließen und kurz umdrehen.

Kühl und dunkel lagern. Nach dem Öffnen im Kühlschrank aufbewahren und innerhalb von 2 Wochen genießen.

Wolfsbarschfilets

MIT FRISCHER PFIRSICHSALSA

Für 4–6 Personen

6 Wolfsbarschfilets mit Haut à ca. 150 g
Salz und Pfeffer
etwas griffiges Mehl
2 EL Olivenöl
1 EL Butter
2 Zweiglein Rosmarin

Für die Pfirsich-Salsa

3 reife Pfirsiche
1 kleine rote Paprika
1 rote Zwiebel
1 kleine rote Chili
etwas Salz
1–2 EL Pfirsich-Rosmarin-Ketchup (falls vorrätig)
1–2 Spritzer Zitronensaft
2 EL Olivenöl

zum Servieren

Pfirsich-Rosmarin-Ketchup (nach Belieben)

Für die Pfirsich-Salsa die Pfirsiche gegenüber vom Stielansatz einritzen, mit kochendem Wasser übergießen, kurz ziehen lassen und das Wasser abgießen. Die Pfirsiche schälen. Anschließend halbieren, Kern entfernen und fein würfeln. Paprika mit einem Sparschäler schälen, entkernen und ebenfalls fein würfeln. Zwiebel schälen und sehr fein würfeln. Chili entkernen und fein schneiden. Alle Zutaten vermengen und pikant-säuerlich abschmecken. Zugedeckt ziehen lassen.

Die Wolfsbarschfilets gegebenenfalls entgräten. Mit Salz und Pfeffer würzen und auf der Hautseite in griffiges Mehl tunken. Öl und Butter mit dem Rosmarin erhitzen und die Fischfilets auf der Hautseite goldbraun braten, dabei mit einem Pfannenwender platt drücken und immer wieder mit Butter und Öl übergießen. Die Filets umdrehen, Pfanne vom Herd nehmen und kurz rasten lassen.

Anschließend auf Teller verteilen und mit der Pfirsich-Salsa sowie etwas Pfirsich-Rosmarin-Ketchup servieren.

Bao-Buns

MIT ASIATISCHEM SCHWEINEBAUCH

Lassen Sie sich bitte einmal auf das Abenteuer ein und zaubern Sie die fantastischen Bao, gedämpfte Brötchen mit asiatischem Schweinebauch.

Für 10 Brötchen
250 g Kuchenmehl Typ 405
1 TL Trockenhefe
1 TL Salz
1 EL Zucker
50 ml lauwarme Milch
100 ml lauwarmes Wasser

sowie
wenn nötig etwas Mehl zum Bearbeiten
Sesamöl zum Bestreichen

Für den Schweinebauch
6–7 Scheiben vom Schweinebauch, ca. 1 1/2 cm stark, ohne Schwarte
1 EL Sesamöl
1 Stückchen geriebenen Ingwer
1 fein gehackte Knoblauchzehe
1 kleine Chili in feinen Streifen
3 EL Sojasauce
2–3 EL Reisessig
2 EL Honig
nach Bedarf etwas Salz

sowie
Sweet-Chili-&-Ingwer-Ketchup nach Bedarf (ersatzweise Sweet-Chili-Sauce)
1/2 Gläschen eingemachte Karotten & Rettich (Seite 83), falls vorrätig
Frühlingszwiebelringe zum Bestreuen

Für die gedämpften Brötchen Mehl, Hefe, Salz und Zucker vermengen, Milch und Wasser dazugießen und zu einem geschmeidigen Teig kneten. Zugedeckt gehen lassen, bis sich sein Volumen verdoppelt hat – ungefähr 1 Stunde.

Den gegangenen Teig zu einer Rolle formen und in 10 gleich große Stücke teilen. Diese erst zu Kugeln formen, anschließend ca. 3 mm stark oval ausrollen. Das geht mit dem Nudelholz oder mit der Nudelmaschine auf Stärke 3.

Die ovalen Teiglinge mit etwas Sesamöl bestreichen und in der Hälfte zusammenklappen. Auf ein geöltes Backpapier legen und noch einmal zugedeckt 1 Stunde gehen lassen.

Bambusdampfkörbe auf den mit Wasser gefüllten Wok stellen und das Wasser zum Kochen bringen. Die Brötchen mit genügend Abstand im Dampfkörbchen ca. 10 Minuten dämpfen, anschließend aus dem Körbchen heben und auskühlen lassen. Die Dampfgarer-Besitzer können die Baos natürlich auch im Dampfgarer zubereiten.

Ingwer, Knoblauch und Chili mit Sojasauce, Reisessig und Honig verrühren und bereitstellen. Die Schweinbauchscheiben in Streifen schneiden und im Sesamöl ca. 10 Minuten rundherum knusprig braun braten. Anschließend gegebenenfalls das Fett abgießen und die vorbereitete Sauce dazugeben. Sirupartig einkochen lassen und die Schweinebauchstreifen damit glasieren.

Die Bao-Brötchen mit dem Schweinebauch, etwas Karotten & Rettich und dem Ketchup füllen und mit Frühlingszwiebelringen bestreut servieren.

Tipp: *Füllen Sie die Bao-Brötchen alternativ mit gebratenen Garnelen und etwas Sweet-Chili-Sauce (gekauft oder Seite 145).*

Sweet-Chili-&-Ingwer-Ketchup

Für ca. 3 Flaschen à 200 ml

2-fache Menge Grundmasse für Tomatenketchup (Rezept Seite 117)
120 ml heller Reisessig
100 g weißer oder brauner Zucker
1–2 TL Salz
1 EL frisch geriebener Ingwer
4–6 EL Sweet-Chili-Sauce (Seite 145 oder gekauft)

Tomatengrundmasse mit Essig und Zucker sowie Salz, geriebenem Ingwer und Sweet-Chili-Sauce in einen Topf geben und bis zur gewünschten Konsistenz köcheln lassen. Dabei immer wieder – vor allem am Ende der Kochzeit – umrühren. Achtung – es spritzt! Wenn nötig noch mit etwas Salz abschmecken und durch ein sehr feines Sieb streichen. Noch heiß in saubere Flaschen füllen, gut verschließen und kurz umdrehen.

Kühl und dunkel lagern. Nach dem Öffnen im Kühlschrank aufbewahren und innerhalb von 2 Wochen genießen.

Das Sweet-Chili-&-Ingwer-Ketchup passt eigentlich zu allen Gerichten, zu denen Sie gerne Ketchup essen, natürlich immer besonders gut, wenn es in die asiatische Richtung geht.

... und noch drei himmlische Ketchup-Rezepte:

Indisches-Curry-Ketchup

Für ca. 3 Flaschen à 200 ml
2-fache Menge Grundmasse für Tomatenketchup (Rezept Seite 117)
120 ml heller Reisessig
100 g weißer oder brauner Zucker
1–2 TL Salz
2 EL Mango-Chutney
1–2 EL aromatisches Currypulver
1 Spritzer Limettensaft

Tomatengrundmasse in einen Topf geben und mit Essig und Zucker sowie Salz und Mango-Chutney bis zur gewünschten Konsistenz köcheln lassen. Dabei immer wieder – vor allem am Ende der Kochzeit – umrühren. Achtung – es spritzt! Currypulver einrühren, wenn nötig mit etwas Salz und einem Spritzer Limettensaft abschmecken und durch ein sehr feines Sieb streichen. Noch heiß in saubere Flaschen füllen, gut verschließen und kurz umdrehen.

Kühl und dunkel lagern. Nach dem Öffnen im Kühlschrank aufbewahren und innerhalb von 2 Wochen genießen.

Geräucherte-Paprika-Orangen-Ketchup

Mit dem leichten Raucharoma macht sich dieses Ketchup zu einem wahren Renner auf Ihrem Barbecue!

Für ca. 3 Flaschen à 200 ml
2-fache Menge Grundmasse für Tomatenketchup (Rezept Seite 117)
120 ml weißer Balsamico- oder Apfelessig
100 g weißer oder brauner Zucker
1–2 TL Salz
1–2 TL geräuchertes Paprikapulver
abgeriebene Schale von 1 Bio-Orange
Saft von 1/2 Bio-Orange

Grundmasse in einen Topf geben und mit Essig und Zucker sowie Salz, Paprikapulver, Orangenschale und -saft bis zur gewünschten Konsistenz köcheln lassen. Dabei immer wieder – vor allem am Ende der Kochzeit – umrühren. Achtung – es spritzt! Wenn nötig mit etwas Salz abschmecken und durch ein sehr feines Sieb streichen. Noch heiß in saubere Flaschen füllen, gut verschließen und kurz umdrehen.

Kühl und dunkel lagern. Nach dem Öffnen im Kühlschrank aufbewahren und innerhalb von 2 Wochen genießen.

Rotes Thai-Curry-Ketchup

Very hot!

Für ca. 3 Flaschen à 200 ml

2-fache Menge Grundmasse für Tomatenketchup (Rezept Seite 117)
120 ml heller Reisessig
100 g weißer oder brauner Zucker
1–2 TL Salz
2–3 EL Rote Thai-Curry-Paste
1 Spritzer Limettensaft

Die Grundmasse in einen Topf geben und mit Essig und Zucker sowie Salz und Currypaste bis zur gewünschten Konsistenz köcheln lassen. Dabei immer wieder – vor allem am Ende der Kochzeit – umrühren. Achtung – es spritzt! Wenn nötig mit etwas Salz sowie einem Spritzer Limettensaft abschmecken und durch ein sehr feines Sieb streichen. Noch heiß in saubere Flaschen füllen, gut verschließen und kurz umdrehen.

Kühl und dunkel lagern. Nach dem Öffnen im Kühlschrank aufbewahren und innerhalb von 2 Wochen genießen.

Let's BBQ Ladies!

Im Folgenden finden Sie meine fünf absoluten Lieblings-Barbecue-Saucen und ich kann Ihnen beim besten Willen nicht sagen, welche davon mir die liebste ist. Außerdem passen sie einfach alle zu den BBQ-Rezepten im Anschluss.
Also, Sie müssen jetzt nicht gleich alle fünf Saucen auf einmal zubereiten, für den Anfang reichen ein bis zwei davon, um Sie und Ihre Gäste zu verzaubern.

Klassische BBQ-Sauce

Zutaten für 2 Flaschen à 200 ml
1 Zwiebel
1 Knoblauchzehe
1 rote oder gelbe Paprika
1 Selleriestange
1 kleine Chili (oder mehr – nach Belieben)
etwas Olivenöl
1–2 Espressolöffel gemahlener Kreuzkümmel
je 1/2 Espressolöffel Zimt, Muskatnuss und Paprikapulver
200 ml Cola
120 ml weißer Balsamicoessig
50 g brauner Zucker
400 g geschälte, gewürfelte Tomaten (frisch oder aus der Dose)
ca. 1 TL Salz
1 Hauch Cayennepfeffer

Zwiebel und Knoblauchzehe schälen, Paprika entkernen, vom Stangensellerie die Fäden abziehen, Chili entkernen und alles fein würfeln. In Olivenöl für ca. 5 Minuten farblos anschwitzen. Gewürze einrühren, kurz mitrösten und Cola, Essig, Zucker und die Tomaten dazugeben. Erhitzen und für ca. 50–60 Minuten köcheln lassen. Dabei immer wieder – vor allem gegen Ende der Kochzeit – umrühren.

Anschließend in einen Standmixer füllen und möglichst fein pürieren. Zurück in den Topf gießen und erneut köcheln lassen, bis die Sauce eine sämige Konsistenz hat. Mit Salz und Pfeffer würzen. Noch heiß in saubere Flaschen füllen, gut verschließen und für einige Minuten auf den Kopf stellen. An einem kühlen und dunklen Ort lagern.

Verschlossen hält sich die BBQ-Sauce mehrere Monate, geöffnet im Kühlschrank ca. 1 Woche.

Whiskey-schwarzer-Pfeffer-BBQ-Sauce

Zutaten für 2 Flaschen à 200 ml

1 Zwiebel
1 Knoblauchzehe
1 rote oder gelbe Paprika
1 Selleriestange
1 kleine Chili (oder mehr – nach Belieben)
etwas Olivenöl
1–2 Espressolöffel geräuchertes Paprikapulver
je 1/2 Espressolöffel Zimt und Muskatnuss
200 ml Cola
120 ml weißer Balsamicoessig
80 g brauner Zucker
300 g gewürfelte Tomaten
100 ml Whiskey
1 TL schwarze Pfefferkörner
ca. 1 TL Salz

Zwiebel und Knoblauchzehe schälen, Paprika entkernen, vom Stangensellerie die Fäden abziehen, Chili entkernen und alles fein würfeln. In Olivenöl für ca. 5 Minuten farblos anschwitzen. Gewürze einrühren, kurz mitrösten und Cola, Essig, Zucker, Tomaten sowie den Whiskey dazugeben. Erhitzen und für ca. 50–60 Minuten köcheln lassen. Dabei immer wieder – vor allem gegen Ende der Kochzeit – umrühren.

Anschließend in einen Standmixer füllen und möglichst fein pürieren. Zurück in den Topf gießen und erneut köcheln lassen, bis die Sauce eine sämige Konsistenz hat. Die Pfefferkörner nicht allzu fein mörsern. Die BBQ-Sauce mit Salz und dem gemörserten Pfeffer würzen. Noch heiß in saubere Flaschen füllen, gut verschließen und für einige Minuten auf den Kopf stellen. An einem kühlen und dunklen Ort lagern.

Verschlossen hält sich die BBQ-Sauce mehrere Monate, geöffnet im Kühlschrank ca. 1 Woche.

Honig-Senf-BBQ-Sauce

Zutaten für 2 Flaschen à 200 ml

1 Zwiebel
1 Knoblauchzehe
1 rote oder gelbe Paprika
1 Selleriestange
1 kleine Chili (oder mehr – nach Belieben)
etwas Olivenöl
je 1/2 Espressolöffel Kreuzkümmel, Zimt, Muskatnuss und Paprikapulver
200 ml Cola
120 ml weißer Balsamicoessig
50–60 g Honig (ersatzweise Ahornsirup)
300 g gewürfelte Tomaten
80–100 g Senf (einfach Ihre Lieblingssorte)
ca. 1 TL Salz
schwarzer Pfeffer aus der Mühle

Zwiebel und Knoblauchzehe schälen, Paprika entkernen, vom Stangensellerie die Fäden abziehen, Chili entkernen und alles fein würfeln. In Olivenöl für ca. 5 Minuten farblos anschwitzen. Gewürze einrühren, kurz mitrösten und Cola, Essig, Honig, Tomaten sowie den Senf dazugeben. Erhitzen und für ca. 50–60 Minuten köcheln lassen. Dabei immer wieder – vor allem gegen Ende der Kochzeit – umrühren.

Anschließend in einen Standmixer füllen und möglichst fein pürieren. Zurück in den Topf gießen und erneut köcheln lassen, bis die Sauce eine sämige Konsistenz hat. Mit Salz und Pfeffer würzen. Noch heiß in saubere Flaschen füllen, gut verschließen und für einige Minuten auf den Kopf stellen. An einem kühlen und dunklen Ort lagern.

Verschlossen hält sich die BBQ-Sauce mehrere Monate, geöffnet im Kühlschrank ca. 1 Woche.

Ich liebe Barbecue-Saucen! Diese Fülle an Aromen und Gewürzen verfeinert nicht nur viele Speisen, die Barbecue-Saucen sind auch ein wundervoller Dip zu den verschiedensten Grillgerichten mit Fleisch, Fisch, Meeresfrüchten, Gemüse und vielem mehr. Sie passen auch zum Fondue, zum Raclette, einfach zu etwas Brot usw. Verwenden Sie auch zum Würzen, z. B. von Reisgerichten, Ofenkartoffeln, diverse Grillsaucen ...

Mango-Habanero-BBQ-Sauce

Zutaten für 2 Flaschen à 200 ml

1 Zwiebel
1 Knoblauchzehe
1 gelbe Paprika
1 Selleriestange
2–4 Habanero-Chilis
1 reife Mango
etwas Olivenöl
1 Espressolöffel gemahlener Kreuzkümmel
je 1/2 Espressolöffel Zimt, Muskatnuss und Paprikapulver
200 ml Cola
120 ml weißer Balsamicoessig
60 g brauner Zucker
250 g gewürfelte Tomaten
ca. 1 TL Salz
1 Spritzer Limettensaft

Zwiebel und Knoblauchzehe schälen, Paprika entkernen, vom Stangensellerie die Fäden abziehen, Habanero-Chilis entkernen, alles fein würfeln und bereitstellen. Die Mango schälen, das Fruchtfleisch vom Kern schneiden, grob würfeln und im Standmixer fein pürieren.

Olivenöl erhitzen und Zwiebel, Knoblauch, Paprika, Stangensellerie und die Habanero-Chilis für ca. 5 Minuten farblos anschwitzen. Gewürze einrühren, kurz mitrösten und Cola, Essig, Zucker, Tomaten sowie das Mangopüree dazugeben. Erhitzen und für ca. 50–60 Minuten köcheln lassen. Dabei immer wieder – vor allem gegen Ende der Kochzeit – umrühren.

Anschließend in einen Standmixer füllen und möglichst fein pürieren. Zurück in den Topf gießen und erneut köcheln lassen, bis die Sauce eine sämige Konsistenz hat. Mit Salz und Limettensaft abschmecken. Noch heiß in saubere Flaschen füllen, gut verschließen und für einige Minuten auf den Kopf stellen. An einem kühlen und dunklen Ort lagern.

Verschlossen hält sich die Mango-Habanero-BBQ-Sauce mehrere Monate, geöffnet im Kühlschrank ca. 1 Woche.

Pfirsich-Jalapeño-BBQ-Sauce

Zutaten für 2 Flaschen à 200 ml

1 Zwiebel
1 Knoblauchzehe
1 gelbe Paprika
1 Selleriestange
2–4 Jalapeño-Chilis
ca. 5–6 reife Pfirsiche
etwas Olivenöl
1 Espressolöffel gemahlener Kreuzkümmel
je 1/2 Espressolöffel Zimt, Muskatnuss und Paprikapulver
200 ml Cola
120 ml weißer Balsamicoessig
50 g brauner Zucker
250 g gewürfelte Tomaten
ca. 1 TL Salz
1 Spritzer Limettensaft

Zwiebel und Knoblauchzehe schälen, Paprika entkernen, vom Stangensellerie die Fäden abziehen, Jalapeños entkernen, alles fein würfeln und bereitstellen. Die Pfirsiche einritzen und mit kochendem Wasser übergießen. Kurz ziehen lassen, anschließend aus dem Wasser heben und die Haut abziehen. Die geschälten Pfirsiche vom Kern lösen, grob würfeln und im Standmixer fein pürieren.

Olivenöl erhitzen und Zwiebel, Knoblauch, Paprika, Stangensellerie und die Jalapeños für ca. 5 Minuten farblos anschwitzen. Gewürze einrühren, kurz mitrösten und Cola, Essig, Zucker, Tomaten sowie die pürierten Pfirsiche dazugeben. Erhitzen und für ca. 50–60 Minuten köcheln lassen. Dabei immer wieder – vor allem gegen Ende der Kochzeit – umrühren.

Anschließend in einen Standmixer füllen und möglichst fein pürieren. Zurück in den Topf gießen und erneut köcheln lassen, bis die Sauce eine sämige Konsistenz hat. Mit Salz und Limettensaft abschmecken. Noch heiß in saubere Flaschen füllen, gut verschließen und für einige Minuten auf den Kopf stellen. An einem kühlen und dunklen Ort lagern.

Verschlossen hält sich die Pfirsich-Jalapeño-BBQ-Sauce mehrere Monate, geöffnet im Kühlschrank ca. 1 Woche.

MEIN VERFÜHRERISCHES

Beef-Tatar

Mit kaum einem Rezept kann ich meinen Mann so betören wie mit einem Beef-Tatar!

Zutaten für 6–8 Personen
800 g Rinderfilet, vorzugsweise vom Mittelstück
2–3 Schalotten
1 EL Kapern
2 EL süß-saure Sandwichgürkchen (siehe Rezept auf Seite 78) oder 2 gekaufte Essiggurken
1–2 EL fein gehackte Petersilie
2 Eigelbe von frischen Bio-Eiern
2–3 EL BBQ-Sauce nach Wahl (ich habe für mein Rezept die Honig-Senf-BBQ-Sauce von Seite 131 verwendet, ersatzweise Senf, Ketchup und etwas Worcestershiresauce)
Salz und Pfeffer

Für die Honig-Pfeffer-Mayonnaise
2–3 EL Mayonnaise
Salz
1 TL gemörserte schwarze Pfefferkörner
2 TL Honig
1 Spritzer Zitronensaft
etwas abgeriebene Schale von 1 Bio-Zitrone

Für die Kartoffelchips
4–5 kleine speckige Kartoffeln
Öl zum Frittieren
Salz

Zum Servieren
frische Kräuter und Sprossen
einige Johannisbeeren – falls vorrätig – fragen Sie nicht, warum – probieren Sie es einfach!

Zuerst die Mayonnaise zubereiten. Dazu einfach alle Zutaten vermengen, abschmecken, in einen Einwegspritzsack oder einen TK-Beutel füllen und bis zum Servieren kühlen.

Für die Kartoffelchips das Öl erhitzen. Die Kartoffeln waschen und trocknen. Portionsweise mit einem kleinen Hobel direkt dünne Scheiben ins 180 °C heiße Öl hobeln. Ca. 30 Sekunden vorgaren, aus dem Fett heben und auf Küchenkrepp entfetten. Anschließend ein zweites Mal goldbraun frittieren – das dauert wiederum nur wenige Sekunden. Aus dem Fett heben, kurz auf Küchenkrepp entfetten, salzen und bis zum Servieren in einem luftdichten Behälter aufbewahren.

Für das Tatar das Rinderfilet zuerst in sehr dünne Scheiben schneiden, dann in Streifen und diese in feinste Würfelchen. Anschließend mit einem großen Messer noch kreuz und quer fein faschieren. Falls Sie sich gerade fragen, warum ich das Fleisch nicht durch den Fleischwolf drehe, kann ich Ihnen nur raten, sich dieser mühevollen Arbeit zu stellen und das Ergebnis zu probieren – Sie werden das Tatar nur noch mit dem Messer zubereiten. Außerdem – haben Sie schon einmal einen Fleischwolf gereinigt? Das ist wirklich mühevolle Arbeit! Jetzt bin ich etwas abgeschweift – also, das Fleisch fein schneiden. Schalotten schälen und fein würfeln, Kapern und Essiggurken sehr fein hacken. Anschließend alle Zutaten gründlich vermengen und pikant abschmecken.

Dessertringe in die Mitte von Tellern setzen und das Tatar darauf verteilen. Mit den Kartoffelchips, den Kräutern und Sprossen sowie einigen Johannisbeeren garnieren, Honig-Pfeffer-Mayonnaise dekorativ dazuspritzen und servieren.

Klassisch wird dazu Toastbrot gereicht – das passt auch tatsächlich wunderbar! Ein Rezept zum Selbermachen finden Sie auf Seite 79.

Tipp: *Wenn Sie es gerne scharf mögen, versuchen Sie mal 1–2 fein gehackte Chilis in Ihrem Beef-Tatar!*

BBQ-Chicken-Wings

Wer liebt sie nicht, diese klebrig-knusprigen kleinen Köstlichkeiten.

Zutaten für 4–6 Personen
1,5 kg Hühnerflügel
etwas Salz und Pfeffer

sowie
1 Fläschchen Barbecue-Sauce nach Wahl (mein Tipp: Mango-Habanero-BBQ-Sauce)

Die Hühnerflügel am Gelenk teilen und in eine große Schüssel geben. Mit Salz und Pfeffer würzen und ungefähr die Hälfte der Barbecue-Sauce dazugeben. Die Flügelteile gut damit einreiben und zugedeckt mehrere Stunden kühl marinieren. Ca. 1 Stunde vor der Zubereitung aus dem Kühlschrank nehmen. Restliche Sauce in ein Schälchen füllen und als Dip bereitstellen.

Den Backofen auf 200 °C Ober-Unterhitze vorheizen. Die Hühnerflügel aus der Marinade heben, diese leicht abstreifen und bereitstellen. Die Hühnerflügel auf einem Backblech verteilen. 30–45 Minuten garen, dabei immer wieder wenden und mit der restlichen Sauce bepinseln. Gegen Ende der Garzeit können Sie den Grill zuschalten und die Hühnerflügel kurz grillen.

Die Hühnerflügel heiß mit etwas Barbecue-Sauce sowie einem leckeren Blue-Cheese-Dip und vielleicht dem Mango-gelbe-Tomaten-Ketchup von Seite 120 oder der Inner-Beauty-Hot-Sauce von Seite 157 servieren. Servieren Sie dazu – wenn Sie mögen – etwas Stangensellerie – mit dem Blue-Cheese-Dip ist dieser eine erfrischende Beilage!

Tipp: *Natürlich können Sie die Chicken-Wings auch auf dem Grill zubereiten!*

BLUE-CHEESE-DIP

150 g Blauschimmelkäse
3–4 EL Sauerrahm
etwas Milch
1 kleine Knoblauchzehe
Salz und schwarzer Pfeffer
1 Spritzer Zitronensaft

Den Blauschimmelkäse zerbröseln und mit einer Gabel zerdrücken. Mit dem Sauerrahm und etwas Milch nach Bedarf zu einem cremigen Dip rühren. Knoblauchzehe schälen, fein hacken und unterheben. Mit Salz und Pfeffer sowie einem Spritzer Zitronensaft abschmecken und bis zum Servieren zugedeckt kühlen.

Finger-licking Spareribs

FINGER-LICKING

Spareribs

Spareribs essen, ohne sich dabei die Finger abzulecken, ist einfach ein Ding der Unmöglichkeit – Knigge hin oder her!

Zutaten für ca. 6–8 Personen
5 küchenfertige Spareribs
Salz und Pfeffer
etwas Öl

sowie
1 Fläschchen Barbecue-Sauce nach Wahl (mein Tipp: Whiskey-schwarzer-Pfeffer-BBQ-Sauce oder die klassische BBQ-Sauce)

Den Backofen auf 100 °C Ober-Unterhitze vorheizen. Die Rippchen unter fließendem Wasser abspülen und mit Küchenpapier trocken tupfen. Mit einem Löffelstiel die Haut abziehen – oder einfach vom Metzger (danke, Gerd!) entfernen lassen. Anschließend in Stücke mit ca. 3–4 Rippchen teilen und kräftig Salz, Pfeffer und etwas Öl einmassieren. Auf einem Backblech verteilen und mit Alufolie gut zudecken. Im Backofen für 4–5 Stunden garen.

Herausnehmen, die Backofentemperatur auf 220 °C erhöhen und den gegebenenfalls entstandenen Saft abgießen, dabei ca. 1 Tasse davon auffangen und mit der Hälfte der Barbecue-Sauce verrühren. Die Rippchen damit bepinseln. Zurück auf das Backblech setzen und während 20–25 Minuten goldbraun und knusprig werden lassen, dabei mehrmals wenden und immer wieder großzügig mit etwas Barbecue-Sauce bepinseln. Diese letzten 20–25 Minuten können Sie die Rippchen auch auf dem Grill zubereiten.

Mit der restlichen Barbecue-Sauce, einem Knoblauch-Dip und dem herrlich bunten Salat sowie etwas Brot oder Pommes servieren.

KNOBLAUCH-DIP

200 g Frischkäse
3 EL Sauerrahm
Milch nach Bedarf
3–4 Knoblauchzehen
Salz und Pfeffer
1 Spritzer Zitronensaft

Frischkäse mit dem Sauerrahm glattrühren und mit wenig Milch verrühren, bis der Dip fein-cremig wird. Knoblauchzehen schälen und sehr fein hacken, unter die Creme rühren und mit Salz, Pfeffer und einem Spritzer Zitronensaft abschmecken. Gut zudecken und bis zum Servieren kühlen.

Bunter Salat

MIT THOUSAND-ISLANDS-DRESSING

Der perfekte Salat für Ihr Barbecue!

Zutaten für ca. 8 Personen
1 Dose Mais
1 Dose Kidneybohnen
1 Salatgurke
1/2 rote Paprikaschote
1/2 gelbe Paprikaschote
2–3 Handvoll Cocktailtomaten
3 Frühlingszwiebeln
je 2 EL gehackte Petersilie und Schnittlauch

Für das Thousand-Islands-Dressing
je 1/2 rote und gelbe Paprikaschote (Reste vom Salat)
1 kleine Schalotte
1 kleine Knoblauchzehe
1 kleine rote Chili
1 EL süß-saure Sandwichgürkchen (siehe Rezept auf Seite 78) oder gekaufte Essiggurken
1 gekochtes Ei
ca. 200 ml Rapsöl
1 TL Senf
etwas Essig
1 Spritzer Worcestershiresauce
2 EL Ketchup
Salz und Pfeffer
wenig Zucker
etwas Zitronensaft
2–3 EL Sauerrahm

Mais und Bohnen in ein Sieb geben und mit kaltem Wasser kurz abspülen, gut abtropfen lassen. Salatgurke und Paprikaschoten mit dem Sparschäler schälen, entkernen und würfeln. Cocktailtomaten halbieren oder vierteln, Frühlingszwiebeln in feine Ringe schneiden. Sämtliche Zutaten mit den Kräutern vermengen – etwas Frühlingszwiebeln und Kräuter als Garnitur bereitstellen – und zugedeckt kühlen.

Für das Dressing Paprika entkernen und grob schneiden, Schalotte und Knoblauch schälen, ebenfalls schneiden, Chili entkernen und hacken. Zusammen mit den Essiggurken in den Standmixer geben. Das Ei schälen, würfeln und ebenfalls in den Mixer füllen. Restliche Zutaten dazugeben und gründlich durchmixen, bis eine sämige Sauce entstanden ist. Zugedeckt bis zum Servieren kühlen.

Vor dem Servieren die Salat-Mischung auf kleine Gläser oder eine große Schale verteilen, mit Frühlingszwiebeln und Kräutern bestreuen und das Dressing separat dazureichen.

Pulled Chicken Buns

MIT COLESLAW

Zutaten für 6–8 Personen
ca. 5–6 mittelgroße Hühnerkeulen
Salz und Pfeffer
1 TL Paprikapulver
1 Espressolöffel geräuchertes Paprikapulver – wenn Sie mögen
etwas Öl

sowie
1 Flasche Barbecue-Sauce nach Wahl (hier passen einfach alle 5 wundervoll)

Für den Coleslaw
1 kleiner Weißkrautkopf
1 Stückchen Rotkohl (falls vorrätig)
2 mittelgroße Karotten
Salz und Zucker
2–3 Frühlingszwiebeln
je 1/2 Bund Schnittlauch und Petersilie
2–3 EL weißer Balsamicoessig
2–3 EL Mayonnaise
1 Becher griechischer Joghurt
1 EL grober Dijonsenf
Pfeffer

Zum Servieren
ca. 8 Burger-Brötchen (siehe Rezept Hot-Dog-Brötchen sowie Spezial-Tipp auf Seite 91)

Den Backofen auf 200 °C Ober- und Unterhitze vorheizen. Die Hühnerkeulen mit Salz, Pfeffer und Paprikapulver gut einreiben, auf ein Backblech legen, mit Öl beträufeln und im vorgeheizten Backofen ca. 45 Minuten braten, dabei mehrmals wenden und bei Bedarf mit etwas Öl oder dem entstandenen Saft beträufeln. Anschließend aus dem Ofen nehmen und kurz rasten lassen. Danach die Haut entfernen, das Fleisch von den Knochen lösen und in kleine Stücke zupfen. Mit der Barbecue-Sauce vermengen und im noch warmen Backofen warm halten.

Für den Coleslaw Weißkraut und Rotkohl in feine Streifen schneiden. Karotten schälen und ebenfalls in feine Streifen schneiden. Mit Salz und Zucker durchkneten und kurz ziehen lassen. Frühlingszwiebeln und Schnittlauch in feine Ringe schneiden, Petersilie fein hacken und unter den Salat mengen. Anschließend den Salat mit Balsamicoessig, Mayonnaise, Joghurt und Senf vorsichtig vermengen, noch einmal mit Salz und Pfeffer abschmecken und zugedeckt kühl ziehen lassen.

Zum Servieren die Burger-Brötchen halbieren und auf der Schnittfläche toasten. Jeweils etwas zerzupftes Hühnerfleisch auf dem Brötchenboden verteilen, Coleslaw daraufhäufen, mit dem Brötchendeckel zudecken und servieren.

Sweet-Chili-Sauce

Ich liebe diese Sauce einfach wie verrückt!

Zutaten für ca. 2 Flaschen à 200 ml
2–4 kleine rote Chilis
2–3 große rote, etwas mildere Chilis oder Pfefferoni
4 Knoblauchzehen
350 ml Wasser
150 ml Reisessig
250 g Zucker
2 TL Salz

sowie
1–2 EL Speisestärke
etwas kaltes Wasser

Die Chilis vom Stielansatz befreien und grob hacken. Wer die Sauce milder mag, kann die Kerne entfernen. Knoblauchzehen schälen und ebenfalls grob hacken. Chili und Knoblauch mit etwas Wasser im Blitzhacker kurz durchmixen. Anschließend sämtliche Zutaten erhitzen und für ca. 3–5 Minuten köcheln lassen. Die Speisestärke mit etwas kaltem Wasser glattrühren und zur Sauce geben. Noch einmal für ca. 2–3 Minuten kochen lassen. Heiß in saubere Flaschen füllen, gut verschließen und für einige Minuten flach hinlegen.

Kühl und dunkel gelagert ist die Sauce mehrere Monate haltbar. Geöffnet im Kühlschrank aufbewahren und während 2–3 Wochen genießen. Vor Gebrauch gut schütteln.

Die Sweet-Chili-Sauce passt zu vielen Gerichten wie Hühnerflügeln, Rippchen, gegrilltem Fleisch, zu Garnelen, ganz besonders, wenn diese gebacken werden, und zum Verfeinern von Saucen, Salaten und vielem mehr. Zu Frühlings- und Sommerrollen darf sie aber in keinem Fall fehlen. Ganz coole Jungs – wie mein Sohn Pius – essen sie ohne schlechtes Gewissen zum Wiener Schnitzel – da kommt auch meine Toleranz ins Schwanken.

Spezial-Tipp für Burgerbrötchen: *Für Burgerbrötchen den gegangenen Teig in 10–12 gleich große Stücke teilen, erst zu Kugeln formen, diese sehr flach drücken und auf Backpapier legen. Fortfahren wie bei den Hot-Dog-Brötchen, dabei die Backzeit um ca. 2 Minuten verlängern.*

Vietnamesische Frühlingsröllchen

MIT GEMÜSE

Zutaten für ca. 10–12 Röllchen
1 große Karotte
2 Handvoll Erbsenschoten
3 Frühlingszwiebeln
1 daumengroßes Stück Ingwer
2 Knoblauchzehen
1 kleine Chili
2–3 Handvoll Bohnensprossen
2 EL Öl (evtl. Sesamöl)
etwas Sojasauce
wenig Reisessig
10–12 Teigblätter für Frühlingsrollen
1 Eiweiß
Öl zum Frittieren

sowie
einige Salatblätter

Für die Frühlingsröllchen Karotte schälen und mit den Erbsenschoten und den Frühlingszwiebeln in feine Streifen schneiden. Ingwer und Knoblauch schälen und fein hacken, Chili in feine Streifen schneiden. Das Öl in einem Wok oder einer hohen Pfanne erwärmen und das Gemüse darin einige Minuten anschwitzen. Ingwer und Knoblauch dazugeben, Chili unterrühren und weiter relativ scharf anbraten. Mit Sojasauce und Reisessig würzen, vom Herd nehmen und auskühlen lassen. Die Teigblätter auslegen, mit Eiweiß bestreichen, die Füllung darauf verteilen, einklappen und aufrollen. Reichlich Fett erhitzen und die Röllchen darin goldbraun frittieren. Noch heiß mit Sweet-Chili-Sauce sowie einem oder beiden Dips (siehe Rezepte) und Salatblättern zum Einwickeln der Röllchen servieren.

Tipp: *Die Röllchen können beliebig variiert werden: mit Hackfleisch, Garnelen, anderen Gemüsesorten nach Saison (wie z. B. Spargel, Brokkoli) u. v. m.*

CHILI-ANANAS-DIP

2 rote Chilis
2 Knoblauchzehen
1 daumengroßes Stück Ingwer
100 g Ananas-Fruchtfleisch
150 ml Wasser
80 g brauner Zucker
4–5 EL Reisessig
2–3 EL Sojasauce
1 Spritzer Limettensaft

sowie
1 kleine rote Chilischote

Chilis, Knoblauch und Ingwer grob hacken, Ananas klein schneiden und alle Zutaten zusammen in einem Topf ca. 20 Minuten köcheln lassen. Anschließend durch ein Sieb in einen anderen Topf gießen. Noch einmal ca. 5 Minuten köcheln lassen, zusätzlich – wer die Schärfe verträgt – eine fein geschnittene rote Chilischote dazugeben. Die Sauce sollte leicht sirupartig sein. Abgekühlt zu den Frühlingsröllchen reichen.

Tipp: *Beide Dips können im Kühlschrank bis zu 2 Wochen gelagert werden.*

FRÜHLINGSROLLEN-DIP

ca. 80 g brauner Zucker
150 ml Wasser
2–3 EL Sojasauce
1–2 EL Reisessig oder weißer Balsamicoessig
2 Knoblauchzehen
1 kleine rote Chili

sowie
Frühlingszwiebeln zum Bestreuen

Für die Sauce den Zucker mit Wasser, Sojasauce, Essig sowie gehacktem Knoblauch und der fein gehackten Chili aufkochen, ca. 6 Minuten offen kochen und abkühlen lassen. Vor dem Servieren mit fein geschnittenen Frühlingszwiebeln bestreuen.

Sommerrollen

Diese wundervoll frischen und leckeren Röllchen haben ihren Namen wahrlich verdient. Ob Sie die Röllchen für Ihre Gäste vorbereiten oder jeder selber seine eigene Sommerrolle kreieren kann, bleibt völlig Ihnen überlassen.

Zutaten für 8–10 Personen
1/2 Rettich
2 Karotten
je 1 rote und gelbe Paprika
1/2 Bund Frühlingszwiebeln
100 g Glasnudeln
wenig Öl
1 Spritzer Reisessig
3 Handvoll Sprossen nach Wahl
1 Bund frischer Koriander
ca. 300 g Cocktailgarnelen, gekocht, geschält und entdarmt

Rettich und Karotten schälen und in feine Streifen schneiden oder hobeln. Paprika entkernen und ebenfalls in Streifen schneiden. Frühlingszwiebeln in feine Ringe schneiden. Die Glasnudeln in eine Schüssel füllen, mit kochendem Wasser bedecken und 5 Minuten ziehen lassen. Anschließend abgießen, gut abtropfen lassen und mit einer Küchenschere kreuz und quer mehrmals einschneiden. Mit etwas Öl und einem Spritzer Reisessig vermengen – so kleben sie nicht zusammen – und bereitstellen. Sprossen kurz abspülen und auf Küchenkrepp trocknen. Vom Koriander die Blättchen abzupfen. Alle Zutaten dekorativ auf einer Platte anrichten oder gleich Röllchen formen.

Dazu das Reispapier kurz in lauwarmes Wasser tauchen, anschließend auf einem feuchten Küchentuch 1–2 Minuten weich werden lassen. Sollten Sie das Rollen Ihren Gästen überlassen, können Sie das nach und nach bei Tisch erledigen.

sowie

1 Packung Reispapier (im gut sortierten Supermarkt oder im Asialaden erhältlich)
lauwarmes Wasser

Zum Servieren

einige Limettenspalten
Sweet-Chili-Sauce
einer oder beide Dips – siehe Rezepte auf Seite 147

Jeweils ein Reispapier mittig mit allen möglichen Zutaten belegen, Enden einklappen und straff aufrollen. Die fertigen Röllchen auf eine Platte legen und mit einem feuchten Tuch bedecken. Vorbereitete Röllchen können Sie für 1–2 Stunden zugedeckt im Kühlschrank aufbewahren. Anschließend auf eine Platte setzen und mit Limettenspalten, Sweet-Chili-Sauce und den Dips servieren.

Teriyaki-Sauce

Zutaten für 2 Flaschen à 200 ml
4 Knoblauchzehen
1 daumengroßes Stück Ingwer
2–4 kleine rote Chilis
400 ml Sojasauce
200 ml Mirin (im Asialaden erhältlich)
6–8 EL Reisessig
4 EL brauner Zucker
4 EL Honig
wenig Salz
je 1 Msp. gemahlener Zimt, schwarzer Pfeffer, Koriander und Piment

sowie
1 TL Speisestärke
etwas Wasser

Knoblauchzehen und Ingwer schälen, Chilis entkernen und alles fein hacken. Alle Zutaten in einen Topf geben, erhitzen und ca. 5 Minuten köcheln lassen. Speisestärke in kaltem Wasser anrühren, in die Sauce gießen und für 3–4 Minuten cremig einkochen lassen. Anschließend vom Feuer nehmen, noch heiß in saubere Flaschen füllen, gut verschließen und für einige Minuten flach hinlegen.

Kühl und dunkel gelagert ist die Sauce mehrere Monate haltbar. Nach dem Öffnen im Kühlschrank aufbewahren und während ca. 2 Wochen genießen.

Die Teriyaki-Sauce passt zu vielen asiatischen Wok-Gerichten, zu Fisch und Fleisch, aber auch zu Gemüse- und Reisgerichten. Auch zum Barbecue ist die Sauce eine willkommene Abwechslung, zum Beispiel als Marinade für Rippchen, Schweinebauch, Thunfisch und vieles mehr.

Teriyaki-Meatballs

Zutaten für ca. 4 Personen
500 g gemischtes Hackfleisch
2 Frühlingszwiebeln
1 Knoblauchzehe
1 daumengroßes Stück Ingwer
1 Ei
2–3 EL Sojasauce
Semmelbrösel nach Bedarf

sowie
etwas Öl
1 Fläschchen Teriyaki-Sauce

Zum Servieren
2 Frühlingszwiebeln
6 Portionen gegarter Basmati-Gewürzreis (siehe Rezept auf Seite 21)

Für die Fleischbällchen das Hackfleisch in eine Schüssel geben. Frühlingszwiebeln fein schneiden. Knoblauch und Ingwer schälen und ebenfalls fein schneiden. Alle Zutaten gut vermengen und abschmecken. Daraus walnussgroße Bällchen formen. Den Backofen auf 180 °C Ober-Unterhitze vorheizen. Die Fleischbällchen auf ein mit Backpapier belegtes Backblech setzen, mit wenig Öl beträufeln und im vorgeheizten Ofen auf mittlerer Schiene ca. 15 Minuten garen.

Währenddessen die Teriyaki-Sauce in einer Pfanne erwärmen. Die Fleischbällchen aus dem Backofen nehmen und in die Pfanne geben. Leise köcheln lassen, dabei die Pfanne schwenken, damit alle Fleischbällchen mit der leicht sirupartigen Sauce überzogen sind.

Frühlingszwiebeln in Ringe schneiden. Den Basmati-Reis auf Schälchen verteilen, jeweils ein paar Fleischbällchen mit Sauce daraufsetzen und mit Frühlingszwiebelringen bestreut servieren.

Spezial-Tipp: *Lachsfilets mit Teriyaki-Sauce marinieren und im Backofen bei 200 °C ca. 8–10 Minuten garen. Mit Reis und restlicher, erwärmter Sauce servieren.*

Erdnuss-Sauce

Erdnuss-Sauce

Es gibt unzählige Rezepte für Erdnuss-Saucen und ich habe wohl auch unzählige probiert, bis ich – zumindest für meinen Geschmack – das richtige Rezept ausgetüftelt hatte.

Zutaten für 2 Flaschen à ca. 200 ml

1 Schalotte
2 Knoblauchzehen
1–2 kleine rote Chilis
1 EL Erdnussöl
2 EL brauner Zucker
1–2 EL Sojasauce
4–5 EL Erdnussbutter (wenn möglich, ohne Zuckerzusatz)
ca. 300 ml Kokosmilch
1 Spritzer Limettensaft

Schalotte und Knoblauchzehen schälen, Chilis entkernen und alles sehr fein hacken. Erdnussöl erhitzen und die fein gehackten Schalotten, Knoblauch und Chilis darin mehrere Minuten farblos anschwitzen, bis die Schalotten weich sind. Zucker dazugeben und leicht karamellisieren. Sollten Sie nur Erdnussbutter mit Zucker erhalten haben, lassen Sie den Zucker ganz weg oder reduzieren Sie ihn. Sojasauce und Erdnussbutter einrühren und nach und nach die Kokosmilch einrühren. 3–5 Minuten leise köcheln lassen, dabei eventuell etwas Wasser dazugießen, je nachdem, ob Sie lieber eine dünnere oder dickflüssigere Sauce bevorzugen. Mit Limettensaft abschmecken. Anschließend in saubere Gläser füllen, gut verschließen und für einige Minuten auf den Kopf stellen.

Am besten im Kühlschrank lagern. Ungeöffnet ist die Erdnuss-Sauce mehrere Monate haltbar, geöffnet während ca. 1–2 Wochen genießen.

Die Erdnuss-Sauce passt wundervoll zu gegrilltem Fleisch, aber auch zu gebratenem oder frittiertem Tofu, zum Fondue, als Dip zu knackigem Gemüse und natürlich zu den himmlischen Satay mit zartem Hühnerfilet.

Tipp: *Probieren Sie die Sauce statt mit Schalotte, Chili und Knoblauch auch einmal mit 1 EL roter Currypaste – feurig lecker!*

Spezial-Tipp: *Für einen außergewöhnlichen Dip zum Barbecue oder zum Fondue zerdrücken Sie eine Banane und vermengen Sie diese mit 2 EL Erdnuss-Sauce sowie etwas Sauerrahm. Mit Salz und Pfeffer sowie etwas Limetten- oder Zitronensaft abschmecken und bis zum Servieren kühlen.*

Hühner-Satay

MIT MANGO-AVOCADO-SALAT

Zutaten für 6 Personen
ca. 700 g Hühnerbrüstchen
1–2 Knoblauchzehen
1 daumengroßes Stück Ingwer
1 Chili
je 1 Espressolöffel Kurkuma, Kreuzkümmel und Koriander
2–3 EL Sesam- oder Rapsöl
2–3 EL Sojasauce
Saft von 1/2 Limette

sowie
etwas Erdnussöl zum Braten

Für den Salat
1 reife Mango
3 Handvoll Cocktailtomaten
2 Frühlingszwiebeln
1 große oder 2 kleine reife Avocados
Saft von 1 Limette
2–3 EL Sweet-Chili-Sauce (siehe Rezept auf Seite 145 oder gekauft)
etwas brauner Zucker oder Honig
1–2 EL Rapsöl
Salz und Pfeffer
1 Handvoll grob gehackter Koriander (ersatzweise Petersilie)

Zum Servieren
Limettenspalten
frischer Koriander

Zuerst die Hühnerbrüstchen längs in Streifen schneiden. Knoblauch und Ingwer schälen, Chilischote entkernen und fein hacken. Zusammen mit den Gewürzen im Mörser zerkleinern, Öl, Sojasauce und den Limettensaft dazugeben und zu einer cremigen Paste rühren. Die Hühnerstreifen mit der Gewürzpaste gut einreiben und ca. 30 Minuten oder im Kühlschrank für mehrere Stunden marinieren. Anschließend auf Holzspießchen wellenförmig aufspießen und bereitstellen.

Währenddessen für den Salat die Mango schälen, das Fruchtfleisch vom Kern lösen und in grobe Würfel schneiden. Cocktailtomaten – je nach Größe – halbieren oder vierteln, Frühlingszwiebeln in feine Ringe schneiden. Die Avocado halbieren, den Kern entfernen und das Fruchtfleisch mit einem Löffel aus der Schale heben. Anschließend ebenfalls in grobe Stücke schneiden und mit den Mangostücken, Tomaten und Frühlingszwiebeln vorsichtig vermengen. Mit Limettensaft, Sweet-Chili-Sauce, Zucker oder Honig sowie dem Rapsöl vermengen und mit Salz und Pfeffer würzen. Zum Schluss den Koriander bzw. die Petersilie unterheben und bereitstellen.

Das Öl in einer breiten Pfanne erhitzen. Die Satay in die Pfanne legen und langsam auf beiden Seiten braten. Anschließend kurz rasten lassen.

Die Satay auf einer Platte anrichten und mit der Erdnuss-Sauce als Dip sowie dem Salat mit einigen Limettenspalten und frischem Koriander bestreut servieren.

Spezial-Tipp: *Der Salat ist – eventuell mit ein paar Cocktailgarnelen – eine wundervolle Vorspeise an einem lauen Sommerabend.*

Inner-Beauty-Hot-Sauce

... meine schärfste Sauce überhaupt, die – wie ihr Name verrät – wirklich innere Schönheit besitzt. Die Schärfe der vielen Chilis harmoniert wundervoll mit den fruchtigen Mangos, und die schlichte Senfnote, die Gewürze, das Spiel von süß und sauer ... mmmh! Mein Patenkind Robert liebt meine Höllenfeuersauce, die übrigens ob der vielen Chilis ohne Einkochen viele Monate haltbar ist. Dem Capsaicin der Chilis sei Dank haben nämlich Bakterien und dergleichen einfach keine Chance.

Zutaten für 2–3 Gläser à 150 ml

15–20 Habanero-Chilis (ersatzweise kleine rote Chilis – im gut sortierten Supermarkt oder im Asialaden erhältlich)
1 große oder 2 kleine reife Mangos
ca. 80 ml Orangen- oder Ananassaft
Saft von 1 Limette
200 g Senf (einfach Ihre Lieblingssorte)
60 g brauner Zucker
1 TL gemahlener Koriander
1 TL gemahlener Kreuzkümmel
1 TL aromatischer Curry
1–2 TL Salz

Von den Habanero-Chilis die Stielansätze entfernen und die Chilis grob schneiden. Im Blitzschneider kurz klein hacken. Mango schälen und das Fruchtfleisch vom Kern schneiden. Grob würfeln und mit den restlichen Zutaten zu den Chilis in den Blitzhacker geben. Pulsierend mixen, bis die Masse cremig wird. Achtung – atmen Sie dabei nicht zu tief ein!

Die Sauce in saubere Gläser füllen, gut verschließen, im Kühlschrank aufbewahren und mehrere Monate lang immer wieder genießen.

Meine Inner-Beauty-Hot-Sauce passt wundervoll zu allen Gerichten, bei denen es an Schärfe fehlt: zu Fisch und Fleisch, in Currys, Chilis, im Burger, zum Verfeinern von Grillsaucen und vielem mehr. Achten Sie aber immer darauf, mit geringen Dosen zu beginnen und bei Bedarf zu steigern. Ganz wundervoll passt die Sauce zu meinen knusprigen Garnelen-Hush-Puppies.

Garnelen-Hush-Puppies

Zutaten für ca. 50 Stück

160 g Kuchenmehl Type 480
160 g gelbes Maismehl (im gut sortierten Supermarkt erhältlich, ersatzweise Kuchenmehl)
1 TL Backpulver
1/2 TL Natron
1 TL Salz
etwas schwarzer Pfeffer
2 große Eier
1/2 Tasse Buttermilch
2 EL Sauerrahm
150–200 g rohe Garnelen, geschält und entdarmt
2 Frühlingszwiebeln
1 kleine Knoblauchzehe
1 EL gehackte Petersilie
etwas abgeriebene Schale von 1 Bio-Zitrone

Alle trockenen Zutaten mit den Gewürzen vermengen. Anschließend Eier, Buttermilch und Sauerrahm gut verrühren. Garnelen fein würfeln, Frühlingszwiebeln ebenfalls fein schneiden, Knoblauchzehe schälen und fein hacken. Sämtliche Zutaten miteinander verrühren.

Reichlich Öl erhitzen, mit einem Teelöffel kleine Häufchen aus dem Teig abstechen und mit dem Finger vom Löffel ins heiße Öl abstreichen. Portionsweise immer mehrere Teigbällchen ca. 3–5 Minuten goldbraun backen, aus dem Öl auf Küchenkrepp heben und bereitstellen bzw. im Backofen warm halten, bis der Teig aufgebraucht ist.

Frisch gebacken mit einem Schälchen Sauce und – wer möchte – einigen Gemüsesticks servieren.

sowie

Öl zum Frittieren

Zum Servieren

1 Schälchen Inner-Beauty-Hot-Sauce
Petersilie zum Bestreuen

MAKING OF ...

*»Man kann nicht
gut denken, gut lieben,
gut schlafen, wenn man
nicht gut gegessen hat.«*

VIRGINIA WOOLF

Meine Crazy Specials

Die folgenden sechs Köstlichkeiten sind wirklich außergewöhnlich und ich bin immer wieder von jedem einzelnen Rezept begeistert. Zusammengefasst sind sie in diesem Kapitel, weil sie einfach in kein anderes Genre passen. Nicht nur deshalb laufen sie unter meinen Crazy Specials, also verrückten Spezialitäten, sondern auch, weil nicht nur ich, sondern auch Sie allesamt lieben werden, und zwar wie verrückt.

Meine beiden absoluten Geheimtipps sind das Pepper Jelly und die Pfefferoni-Konfitüre – ohne diese beiden wäre die Idee zu einem Einmach-Kochbuch wohl gar nicht erst entstanden. Die Sweet Pepper & Chili Jam und die Tomato Jam sind wahre Meister und verstehen es, die verschiedensten Gerichte aufzupeppen. Die karamellisierte Zwiebelmarmelade hätte ein eigenes Kapitel verdient – sie ist einfach köstlich! Und wenn Sie glauben, dass eine Speckmarmelade merkwürdig ist, dann überzeuge ich Sie mit der Bacon Jam gerne vom Gegenteil!

Alle diese verrückten Köstlichkeiten passen himmlisch zu Käse, aber auch zu meinen ausgewählten Gerichten schmecken sie einfach köstlich.

Ich bitte Sie, probieren Sie einige dieser kulinarischen Schätze aus und verlieben Sie sich auch ins fruchtig-peppige Pepper Jelly, in die wundervoll süße und scharfe Pfefferoni-Konfitüre, in die atemberaubende Bacon Jam und in alle anderen verrückten Spezialitäten dieses Kapitels.

Pepper Jelly und Pfefferoni-Konfitüre

Wenn ich ganz ehrlich bin, habe ich mir schon kurz überlegt, ob ich diese beiden Rezepte preisgeben soll. Meiner Meinung nach lohnt sich nämlich ein Kauf dieses Buches schon alleine wegen dieser zwei Köstlichkeiten, mit denen meine Leidenschaft fürs Einkochen ihren Anfang nahm. Sowohl das Pepper Jelly als auch die Pfefferoni-Konfitüre verlangten mir viele Stunden des Tüftelns ab und so bin ich mir sicher, dass auch Sie in Zukunft auf keines der beiden – vor allem zu einer auserlesenen Käsevariation – mehr verzichten möchten.

Pepper Jelly

Zutaten für ca. 4 Gläser à 250 ml
mindestens 500 g säuerliche Äpfel
300 g Feinkristallzucker
250 ml Wasser
mindestens 300 g scharfe grüne und rote Pfefferoni (siehe Tipp auf Seite 108)
1–2 Schalotten oder 1 kleine Zwiebel
700 g Zucker
150 ml weißer Balsamicoessig
1 kleine Prise Salz

Die Äpfel waschen und mit der Schale sowie dem Kerngehäuse achteln. Mit Zucker und Wasser in einen großen Topf geben und erhitzen. Zugedeckt auf kleinem Feuer ca. 1 Stunde lang sehr leise köcheln lassen. Anschließend die entstandene Flüssigkeit durch ein feines Tuch gießen, dabei die Äpfel nicht pressen, sondern einfach länger stehen lassen, damit der ganze Saft aufgefangen werden kann. Dabei können Sie das Tuch auch über den Topf hängen, dann geht es etwas schneller.

Währenddessen die Pfefferoni der Länge nach halbieren und entkernen. Anschließend in 4–5 mm große Quadrate schneiden. Schalotten oder Zwiebel schälen und ebenfalls sehr fein schneiden. Pfefferoni- und Zwiebelstückchen zum Apfelsaft geben, Zucker und Essig sowie eine kleine Prise Salz dazugeben und erhitzen. Seien Sie vorsichtig, die Masse kocht leicht über und die klebrig-heiße Flüssigkeit auf dem Herd ist einfach grauenvoll – ich spreche aus – leider mehrfacher – Erfahrung. Bei Gefahr in Verzug den Topf sofort vom Feuer ziehen! Ungefähr 30 Minuten leise köcheln lassen, dabei immer wieder umrühren und aufpassen, dass nichts überkocht. Nach ca. 25 Minuten eine Gelierprobe machen – dazu etwas Flüssigkeit auf einen kühlen Teller geben, kurz warten und testen. Sollte die Masse schon die Konsistenz von Honig erreicht haben, können Sie sie abfüllen. Ansonsten noch weiter köcheln lassen, bis die Masse die gewünschte Konsistenz hat. Beachten Sie aber, dass sie erkaltet ohnehin noch fester wird. Die Kochzeit kann hier stark variieren, da der Pektingehalt der Äpfel nicht immer gleich ist. Aber keine Sorge – ob es etwas dünner oder dickflüssiger ist, ist vom Geschmack her relativ egal!

Das heiße Pepper Jelly in saubere Gläser füllen und sofort schließen. Die Gläser auf den Kopf stellen und während der nächsten zwei Stunden ca. alle 15 Minuten drehen, d. h. mal auf den Kopf, auf die Seite, auf die andere Seite, gerade hin und wieder von vorne. Das ist unbedingt nötig, damit sich die Pfefferonistücke gleichmäßig verteilen. Nicht verzagen – die Mühe lohnt sich, vor allem, wenn Sie einen Teil der Gläser verschenken möchten. Wenn Sie alle alleine verputzen – wofür ich großes Verständnis habe – und die Sauce ohnehin in kleinen Schalen anrichten, können Sie auch darauf verzichten, die Gläser zu wenden.

Das Pepper Jelly hält sich gut verschlossen mehrere Monate, ich würde fast behaupten – ewig, bei der Menge an Zucker und Essig und den scharfen Pfefferoni. Geöffnet im Kühlschrank aufbewahren.

Das Pepper Jelly passt einfach wundervoll zu allen Käsesorten, aber auch zu verschiedenen Käsegerichten. Auch zu gegrilltem Fleisch, zu Gemüse, Reis …

Tipp: *Sie benötigen für beide Rezepte reichlich scharfe Pfefferoni, also keine Chilis (die sind hierfür zu scharf), sondern richtige Pfefferoni. Falls Sie diese nicht zufällig in Hülle und Fülle in Ihrem Garten ernten können, werden Sie das ganze Jahr über im türkischen Supermarkt fündig. Und zwar in Rot und Grün, und – achten Sie bitte darauf – es sollten scharfe Pfefferoni sein!*

Pfefferoni-Konfitüre

Zutaten für ca. 3 Gläser à 250 ml
mindestens 600 g scharfe grüne und rote Pfefferoni (siehe Tipp auf Seite 164)
250 g Gelierzucker 2:1
150 g Feinkristallzucker
170 ml weißer Balsamicoessig
1 kleine Prise Salz

Von den Pfefferoni die Stielansätze entfernen und die Pfefferoni samt Kernen in feine Ringe schneiden. Diese in einen Topf geben, beide Zuckersorten sowie den Essig und eine kleine Prise Salz einrühren und für ca. 1 Stunde zugedeckt ziehen lassen. Anschließend langsam erhitzen und ca. 10–13 Minuten kochen lassen. In saubere Gläser füllen und gut verschließen.

Auch die Pfefferoni-Konfitüre hält sich kühl und dunkel gelagert mehrere Monate. Nach dem Öffnen im Kühlschrank lagern.

Die Pfefferoni-Konfitüre darf auf keiner Käseplatte fehlen, passt aber auch wundervoll zu Parmaschinken mit Melone und anderen Antipasti, zum Raclette, Käsefondue, Schinken-Käse-Toast …

DUNKLES VOLLKORNBROT IM GLAS

Zutaten für 6 Sturzgläser (à 400 ml)
250 g Weizenvollkornmehl
500 g Weizenvollkornschrot (oder siehe Tipp)
1,5 TL Salz
500 ml Buttermilch
100 g Zuckerrübensirup
250 ml Milch
2 Päckchen Trockenhefe (oder 1 Würfel frische Hefe)
150 g Naturjoghurt (fettarm)
200 g gemischte Kerne (Sonnenblumen, Leinsamen, Sesam)

sowie
Butter und Haferflocken für die Gläser

Die Sturzgläser mit Butter einstreichen. Eine Handvoll Haferflocken in das erste Glas geben, Deckel aufschrauben und schütteln, bis sich am Rand und Boden eine Schicht Haferflocken gebildet hat. Die restlichen Haferflocken in das zweite Glas schütten und fortfahren, bis alle Gläser mit Haferflocken leicht beschichtet sind. Übrigens brauchen Sie dafür unbedingt Sturzgläser, damit die Brote aus den Gläsern herausgehen. Im Haushaltswarengeschäft werden Sie sicher fündig!

Mehl und Schrot mit dem Salz vermengen. Buttermilch mit Zuckerrübensirup und Milch langsam auf Körpertemperatur (nicht heiß!) erwärmen. Trockenhefe darin auflösen und 5 Minuten gehen lassen. Anschließend zum Mehl geben und kräftig vermengen. Joghurt und Kerne dazugeben und für 4–5 Minuten rühren. Auf die Gläser verteilen – das geht ganz gut mit Hilfe eines Spritzsackes, dann bleiben die Ränder sauber. Deckel schließen und in den kalten Backofen stellen. Auf 160 °C Ober- und Unterhitze schalten und für 1 Stunde backen, anschließend die Temperatur auf 140 °C reduzieren und 2 Stunden fertigbacken.

Gläser herausnehmen und auskühlen lassen. Sofern die Gläser richtig vakuumiert haben – das sehen Sie, wenn sich der Schraubdeckel nicht eindrücken lässt –, halten die Brote mehrere Monate! Sollte das bei einem oder zwei Gläsern nicht funktioniert haben, können Sie diese auch einfach tiefkühlen. Einmal geöffnet, sollten die Brote während 1–2 Tagen gegessen werden.

Tipp: *Statt Weizenschrot zu kaufen, verwende ich meistens ganze Weizenkörner, die ich in meiner uralten Kaffeemühle portionsweise mehr oder weniger grob zerkleinere. Und natürlich können Sie auch Dinkel verwenden!*

Sweet Pepper & Chili Jam

Diese glänzende Köstlichkeit ist einfach großartig!

Zutaten für ca. 2 Gläser à 200 ml

6 reife rote Paprika
5–7 kleine rote Chilis
4–5 Knoblauchzehen
1 daumengroßes Stück Ingwer
1 Zweig Rosmarin
400 g Feinkristallzucker
200 g geschälte, gewürfelte Tomaten (frisch oder aus der Dose)
150 ml Rotweinessig

Paprika und Chilis entkernen und grob würfeln. Knoblauchzehen und Ingwer schälen und fein schneiden. Paprika, Chilis, Knoblauch und Ingwer in einem Standmixer – je nach dessen Größe – portionsweise fein hacken. Vom Rosmarin die Nadeln abzupfen und mit einem Messer sehr fein schneiden. Alle Zutaten in einen Topf füllen und erhitzen. Auf kleinem Feuer ca. 50–60 Minuten köcheln lassen, dabei den Schaum immer wieder abschöpfen.

Die heiße Masse in saubere Gläser füllen, gut verschließen und für einige Minuten auf den Kopf stellen.

Kühl und dunkel lagern. Nach dem Öffnen im Kühlschrank aufbewahren und während 3–4 Wochen genießen.

Ziegenkäse-Panna-Cotta

Diese glänzende Köstlichkeit ist einfach großartig!

Zutaten für 6 Personen

500 ml Sahne
2 Zweige Rosmarin
1 TL Honig
4 Blatt Gelatine
300 g Ziegenfrischkäse
Salz

Zum Servieren

nach Belieben eingelegte Zucchini (siehe Rezept auf Seite 103) und/oder Cocktailtomaten in Öl (siehe Rezept auf Seite 106)
2 Handvoll frische mediterrane Kräuter
1 Glas Sweet Pepper & Chili Jam
etwas Olivenöl

Für die Panna Cotta die Sahne mit den Rosmarinzweigen sowie dem Honig ca. 15 Minuten leise köcheln lassen. Anschließend noch 10 Minuten ziehen lassen. Währenddessen die Gelatine in sehr kaltem Wasser einweichen, anschließend gut ausdrücken und in der noch warmen Sahne auflösen. Ziegenkäse gut einrühren und mit Salz abschmecken. Die Masse auf mit kaltem Wasser ausgespülte Dariolförmchen verteilen und zugedeckt mehrere Stunden oder über Nacht gut kühlen.

Zum Servieren die Dariolförmchen kurz in heißes Wasser tauchen und die Panna Cotta mit einem Messer herauslösen. Mittig auf Tellern anrichten. Mit mediterranem, in Öl eingelegtem Gemüse, frischen Kräutern und etwas Sweet Pepper & Chili Jam garnieren. Mit wenig Olivenöl beträufeln und servieren.

Dazu passt wundervoll ein knuspriges Weißbrot!

Bacon Jam

… also Speckmarmelade! Jetzt ist sie völlig übergeschnappt, werden Sie sich denken, aber da muss ich Sie enttäuschen, zumindest, was die Speckmarmelade betrifft, die ist nämlich schlichtweg genial!

Zutaten für ca. 2 Gläser à 200 ml
300 g Frühstücksspeck in Scheiben (Bacon)
1 große rote Zwiebel
1 Knoblauchzehe
1 kleine rote Chili
100 g brauner Zucker
60 ml Ahornsirup
ca. 80 ml weißer Balsamico- oder Apfelessig
1 kleiner starker Espresso
1 Schuss Whiskey
ca. 1 Espressolöffel Salz
1 Espressolöffel geräuchertes Paprikapulver (ersatzweise süßes Paprikapulver)
1 Hauch Zimt

Die Speckscheiben übereinanderstapeln und erst der Länge nach in feine Streifen schneiden, diese anschließend in kleine Stücke schneiden. Zwiebel schälen und sehr fein würfeln. Knoblauchzehe schälen, Chili entkernen und beides fein hacken.

Die Speckstückchen in einer großen Pfanne ohne Fett langsam braun und knusprig braten, dabei öfters umrühren, damit der ganze Speck gleichmäßig gebraten wird. Achten Sie darauf, dass der Speck noch etwas nachbräunt, also nicht allzu dunkel braten. Ein Sieb über eine Schüssel setzen, den knusprigen Speck hineingießen und bereitstellen. Ca. 2 EL des ausgelassenen Fettes in einem breiten Topf erhitzen. Darin die Zwiebelwürfelchen mit Knoblauch und Chili auf sehr kleiner Flamme mehrere Minuten farblos anschwitzen (nicht braten), bis sie fast weich sind. Restliche Zutaten samt dem Speck dazugeben, Hitze erhöhen und alles ca. 10–12 Minuten leicht sirupartig einkochen, dabei öfters rühren.

Noch heiß in ausgespülte Gläser füllen und gut verschließen. Diese kleine Köstlichkeit hält sich bis zu vier Wochen im Kühlschrank.

Bacon Jam passt zu so vielen Gerichten, dass ich gar nicht weiß, wo ich anfangen soll. Also natürlich zum Burger, auf Hot Dogs, zu Käse, Wurst (vor allem Bratwurst), zu Leberkäse, zum Raclette, einfach so aufs Brot, zu gegrilltem Fleisch und – einfach göttlich – zu einem Klassiker des American Breakfast, Toast mit Speck und Spiegelei.

American Breakfast

FÜR WAHRE SCHLEMMER – SCHWARZBROT MIT SPECK, RUCOLA, EI UND BACON JAM

Zutaten für 4 Personen
12 Scheiben Frühstücksspeck (Bacon)
4 Scheiben Schwarzbrot
4–6 Handvoll Rucola
1 EL Butter
4 große Bio-Eier
Salz und Pfeffer
4 gehäufte TL Bacon Jam

Rucola waschen, trockenschleudern und bereitstellen.

Die Speckscheiben in einer großen Pfanne nach und nach beidseitig goldbraun braten, auf Küchenkrepp etwas entfetten und bereitstellen. Währenddessen die Schwarzbrotscheiben toasten und auf Teller verteilen. Schon etwas Rucola und Speck darauf anrichten. Butter in der Pfanne schmelzen, Spiegeleier braten und mit etwas Salz und Pfeffer würzen.

Das Spiegelei auf dem Rucola und dem Speck anrichten. Jeweils 1 gehäuften TL Bacon Jam daraufhäufen und servieren.

I love sleep,
it's like a time machine
to breakfast!

Shrimps & Grits

Das Nationalgericht in South Carolina und Georgia – eine gewagte Kombination, die aber richtig lecker schmeckt. Probieren Sie bitte die Grits auch einmal als Beilage zu Fleischgerichten oder mit Gemüse, ein wundervoller Ersatz für Cremepolenta!

Zutaten für 4 Personen
500 ml Gemüsefond
200 ml Milch
etwas Salz
150 g Riebelgrieß (ersatzweise Weizengrieß oder Polenta)
2 EL Butter
2 Handvoll geriebener Parmesan oder sonstiger Hartkäse
etwas Pfeffer
wenig Muskatnuss

Für die Garnelen
ca. 600 g Garnelen mittlerer Größe, geschält und entdarmt
etwas Öl
1 Knoblauchzehe
Salz und Pfeffer
1 EL Butter
1 Spritzer Zitronensaft

Zum Servieren
4 Scheiben knusprig gebratener Bacon
1 Handvoll Frühlingszwiebelringe
1 Glas Bacon Jam

Für die Grits Fond und Milch mit etwas Salz aufkochen, den Riebelgrieß einrühren und langsam köcheln lassen, bis der Grieß fein cremig und das Getreide fein weich ist. Sollte die Masse zu schnell eindicken, immer wieder etwas Fond oder Wasser dazugießen, bis der Grieß weich ist. Anschließend Butter und Parmesan einrühren, mit Salz, Pfeffer und etwas Muskatnuss würzen, vom Herd nehmen und zugedeckt kurz ziehen lassen.

Öl erhitzen, Knoblauchzehe schälen und fein hacken. Die Garnelen braten, dabei mit Salz und Pfeffer würzen. Butter und Zitronensaft dazugeben und gut vermengen.

Die Grits auf Teller geben, Garnelen mit der Bratbutter mittig darauf verteilen. Mit zerbröseltem Bacon und Frühlingszwiebelringen bestreuen, jeweils 1 TL Bacon Jam dazusetzen und servieren.

Grits

Ich war verblüfft, als ich einen Bericht über Amerikas Südstaaten, genauer South Carolina und Georgia, angesehen habe und Shrimps & Grits als das nationale Gericht präsentiert wurde, wobei ein Koch erklärte, was Grits tatsächlich sind. Es war überraschend, festzustellen, dass es nichts anderes ist als unser Vorarlberger Riebel. Eine Art Grieß, meist aus Mais, gelegentlich aus Weizen, bei dem bei der Produktion noch ein Anteil der Getreideschalen belassen wird. Anders als bei normalem Grieß oder Polenta, der ohne Schalenanteil und somit auch beinahe ohne Ballaststoffe produziert wird.

In Vorarlberg sowie in der Ostschweiz ist Riebel praktisch in jedem Supermarkt zu finden. Im Osten Österreichs selten, aber wenn, dann unter dem Namen Sterz. In Deutschland habe ich nichts Vergleichbares gefunden, aber dieser Riebel lässt sich ganz einfach durch Weizengrieß oder Polenta ersetzen, das macht man sogar mittlerweile in den Südstaaten so!

Tomato Jam

Tomatenmarmelade … von Tomaten kann ich einfach nie genug bekommen – egal, wie!

Zutaten für 2 Gläser à ca. 150 ml
500 g Cocktailtomaten
1–2 kleine rote Chilis
200 g Zucker
Saft von 1–2 Limetten oder Zitronen
je 1 Msp. gemahlener Ingwer, Kreuzkümmel, Zimt und Nelken
ca. 1 TL Salz

Von den Cocktailtomaten die Stielansätze entfernen und das Fruchtfleisch fein würfeln. Chilis entkernen und fein schneiden. Alle Zutaten erhitzen und auf kleinem Feuer ca. 1 Stunde köcheln lassen, dabei immer wieder – vor allem gegen Ende der Kochzeit – umrühren. In saubere Gläser füllen, gut verschließen und für einige Minuten auf den Kopf stellen.

Kühl und dunkel lagern. Nach dem Öffnen im Kühlschrank aufbewahren und rasch genießen.

Die Tomatenmarmelade passt wundervoll zu Käse, aber auch zu Fleisch-, Fisch- und Gemüsegerichten, zu Salaten oder einfach so auf ein Stückchen Brot, als Garnitur hie und da, z. B. auf belegten Brötchen oder dergleichen.

Ofen-Camembert

Der im Ofen gebackene Camembert ist sowohl ein leckerer Einstieg zum Aperitif als auch ein krönender Abschluss Ihrer Dinnerparty. Oder Sie servieren ihn einfach mal zwischendurch als kleinen und doch gehaltvollen Snack!

Zutaten für 4 Personen
1 Camembert in der Holzschachtel (ca. 250 g)
etwas Öl

Zum Servieren
1 Glas Tomato Jam
schwarzer Pfeffer

Den Backofen auf 220 °C Ober-Unterhitze vorheizen. Den Camembert aus dem Körbchen heben und den Boden sowie die Wände des Holzkörbchens innen mit Öl bepinseln. Den Käse aus der Verpackung befreien und zurück ins Holzkörbchen legen. Auf ein Stück Alufolie setzen und diese rundherum am Körbchen andrücken. Den Camembert im vorgeheizten Backofen 15–20 Minuten goldbraun backen.

Anschließend aus dem Ofen nehmen, auf der Oberseite vorsichtig kreuzweise einschneiden und die Ecken auseinanderfalten. Etwas Tomato Jam daraufhäufen, mit grobem Pfeffer bestreuen und heiß servieren.

Der Käse kann mit Grissini oder frischem Weißbrot einfach aus dem Körbchen getunkt werden. Die restliche Tomato Jam separat dazureichen.

GRISSINI

Zutaten für 4 Personen

350 g Kuchenmehl
1 TL Salz
1 TL Zucker
1 Päckchen Trockenhefe
ca. 200 ml lauwarmes Bier
1 Schuss Olivenöl
etwas Sahne
grobes Salz oder getrockneter Rosmarin zum Bestreuen

Für die Grissini Mehl, Salz, Zucker und Trockenhefe mischen, Bier und Olivenöl dazugeben und zu einem geschmeidigen Hefeteig kneten. Zugedeckt an einem warmen Ort gehen lassen, bis der Teig sein Volumen verdoppelt hat. Nochmals kurz durchkneten und in daumengroße Stücke teilen. Teigstücke zu langen Grissini rollen und auf mit Backpapier belegte Backbleche legen. Wieder etwas gehen lassen. Währenddessen Backofen auf 240 °C Ober- und Unterhitze vorheizen, die Grissini mit etwas Sahne bestreichen, mit Salz oder Rosmarin bestreuen und Blech für Blech ca. 8–10 Minuten goldbraun backen.

Auf einem Kuchengitter auskühlen lassen und kurz vor dem Servieren noch einmal bei 240 °C ca. 3–4 Minuten knusprig aufbacken.

Tipp: *Die Grissini können nach dem ersten Backen tiefgekühlt werden und so auch noch tiefgekühlt zum zweiten Mal gebacken werden, dann allerdings 1–2 Minuten länger; dabei ständig beobachten, damit sie nicht zu dunkel werden.*

Karamellisierte Zwiebelmarmelade

Eine kleine Käsevariation, ein Stückchen Brot und Zwiebelmarmelade – dafür lasse ich jedes Sternemenü links liegen, also fast jedes!

Zutaten für ca. 3 Gläser à 200 ml

1 kg Zwiebeln – am besten eine Mischung aus vorwiegend roten Zwiebeln, Schalotten und weißen Zwiebeln
etwas Olivenöl
ca. 180 ml Rotweinessig
150 ml dunkler Balsamicoessig
220 g brauner Zucker
2 EL Honig
2 frische Lorbeerblätter
1 Zweig Rosmarin
1–2 TL Salz
schwarzer Pfeffer aus der Mühle

Die Zwiebeln schälen, vierteln und in Streifen schneiden. In einem breiten Topf Olivenöl erhitzen und die Zwiebeln darin während ca. 20 Minuten langsam braten, bis sie leicht goldbraun sind. Beide Essigsorten, Zucker, Honig und die Kräuter dazugeben und für ca. 25–30 Minuten leise sirupartig einkochen lassen. Mit Salz und Pfeffer würzen und wenn nötig noch mit etwas Essig oder Zucker abschmecken. Noch heiß in saubere Gläser füllen, gut verschließen und kurz umdrehen.

Kühl und dunkel lagern. Nach dem Öffnen im Kühlschrank aufbewahren und während 2–3 Wochen genießen.

Die Zwiebelmarmelade ist einfach köstlich und passt nicht nur zu Käse und Käsegerichten. Auch zu gegrillten Fleischgerichten ist sie ein himmlischer Begleiter.

Knuspriger Schweinebauch

MIT KARTOFFELPÜREE UND GEMÜSE

Ich liebe Schweinebauch und an der Stelle muss einfach einmal gesagt werden, dass nicht nur Filets kulinarische Höhenflüge erreichen können, auch dieser völlig unterbewertete Schweinebauch schafft das im Handumdrehen!

Zutaten für 6–8 Personen
1,5 kg Schweinebauch ohne Knochen (die Schwarte kreuzweise eng einschneiden – das macht Ihr Metzger sicher gerne für Sie! Danke, Gerd!)
reichlich Salz
etwas Öl
2 große Zwiebeln
1 Apfel
200 ml Most und oder Kalbsfond
Salz und Pfeffer

Für das Kartoffelpüree
1 kg mehlige Kartoffeln
Salz
ca. 200 ml heiße Milch
150 g Butterstückchen
etwas Muskatnuss

sowie
4 Handvoll Kohlsprossen
4 Handvoll kleine Karotten
1 EL Butter
Salz und etwas Honig

Zum Servieren
1 Glas karamellisierte Zwiebelmarmelade
frische Kresse

Den Schweinebauch mindestens 1 Stunde vor der Zubereitung aus dem Kühlschrank nehmen. Den Backofen auf 220 °C Ober-Unterhitze vorheizen. Etwas Öl in einen Bräter geben. Den Schweinebauch rundherum mit Salz einreiben, dabei sehr großzügig und gründlich die eingeschnittene Schwarte salzen und einmassieren.

Den Schweinebauch in den Bräter setzen und für 30 Minuten im Backofen backen. Währenddessen Zwiebeln schälen und grob schneiden, Apfel entkernen und grob würfeln. Anschließend zum Schweinebauch in den Bräter geben, die Temperatur auf 150 °C reduzieren und den Schweinebauch für ca. 3 Stunden sanft garen. Den Bräter aus dem Ofen nehmen, den Schweinebauch zurück in den Backofen – auf das Gitter oder eine Platte – setzen, Temperatur auf 220 °C erhöhen und die Kruste während ungefähr 10 Minuten knusprig fertig backen.

Den Bratensatz mit Most oder Fond lösen, erhitzen und etwas einkochen lassen. Mit Salz und Pfeffer abschmecken, durch ein feines Sieb gießen und warm halten.

Während der 3 Stunden Bratzeit können Sie das Gemüse putzen. Kohlsprossen je nach Größe halbieren oder vierteln, Karotten putzen und nacheinander in Salzwasser bissfest blanchieren, anschließend in kaltem Wasser abschrecken und auf Küchenkrepp bereitstellen. Vor dem Servieren in Butter mit etwas Salz und Honig leicht glasieren und dabei erwärmen.

Für das Püree rechtzeitig Kartoffeln schälen und grob würfeln. In reichlich Salzwasser weichkochen, abgießen, gut ausdampfen lassen und durch eine Kartoffelpresse drücken. Heiße Milch und Butter dazugeben und unterheben, mit Salz und Muskatnuss würzen und bereitstellen.

Den Schweinebauch aus dem Backofen nehmen und kurz rasten lassen. Anschließend Püree auf vorgewärmte Teller verteilen, Schweinebauch in Scheiben schneiden und darauf anrichten. Das Gemüse dazusetzen, mit etwas Sauce übergießen, je etwas Zwiebelmarmelade dazugeben und mit frischer Kresse garniert servieren.

MAKING OF …

*»Probier neue Rezepte aus,
lern aus deinen Fehlern,
sei furchtlos, und vor allem:
Hab Spaß!«*

JULIA CHILD

Zauberhafte Marmeladen

Vorweg gesagt: Ich koche meine Marmeladen praktisch alle auf die gleiche Art und Weise. Also 1 kg Früchte und 500 g Gelierzucker 2:1, 3–4 Minuten kochen, abfüllen, fertig! So einfach ist das tatsächlich und Sie können jede Marmelade exakt nach diesem Rezept zubereiten!

Und noch etwas: Es gibt zwar einige Marmeladen, bei denen ein zusätzliches Aroma ganz gut passt –wie die Vanille bei der Brombeermarmelade – und vielleicht auch für etwas Abwechslung sorgt –, hin und wieder ein ganz schräges Marmeladenrezept wie die Apple Pie Jam, aber meistens verwende ich keine zusätzlichen Aromen. Ich liebe nämlich gerade den puren Geschmack der reifen Früchte, wie bei der Himbeer- und Erdbeermarmelade, bei der Orangenmarmelade und – last, but sicherlich not least – der weißen Pfirsichmarmelade!

Weiters mische ich keine Fruchtsorten – es sei denn, es ist garantiert, dass ich entweder die einzelnen Früchte schmecken kann, wie bei der Mango-Passionsfrucht-Marmelade, oder es eine wirklich großartige Mischung gibt, bei der sich alle Aromen der einzelnen Früchte zu einem wundervollen Ganzen entwickeln, so ist das bei der Beerenmarmelade oder natürlich bei der völlig verrückten Carrot Cake Jam.

Lassen Sie sich ein auf eine kleine Reise in die Welt der süßen Marmeladen mit vielen passenden Rezepten, wie himmlische Croissants, Über-Nacht-Brötchen, Pancakes und und und.

Himbeermarmelade

Zutaten für ca. 3 Gläser à 200 ml
ca. 600 g frische Himbeeren
250 g Gelierzucker 2:1

Die Himbeeren mit dem Mixstab oder im Standmixer pürieren und durch ein feines Sieb streichen. Anschließend mit dem Zucker in einem Topf erhitzen und 3 Minuten kräftig kochen lassen. Dabei gegebenenfalls den Schaum abschöpfen. Noch heiß in saubere Gläser füllen und gut verschließen. Für einige Minuten auf den Kopf stellen.

Da wir verhältnismäßig wenig Zucker verwendet haben, bitte im Kühlschrank lagern.

Scones

Zutaten für 15–20 Stück
450 g Kuchenmehl
2 TL Backpulver
1 TL Salz
2 EL Zucker
60 g Butter
250 ml Milch

sowie
etwas Mehl zum Bearbeiten
Milch zum Bestreichen

Zum Servieren
Clotted Cream (siehe Rezept unten), ersatzweise Mascarpone
1 Glas Himbeermarmelade

Den Backofen auf 220 °C Ober-Unterhitze vorheizen. Ein Backblech mit Backpapier belegen.

Mehl und Backpulver in eine Schüssel sieben. Mit Salz und Zucker vermengen. Butter in Stücken dazugeben und zu einem krümeligen Teig rühren. Milch eingießen und vorsichtig zu einem geschmeidigen Teig kneten, der sich vom Schüsselrand löst.

Mit etwas Mehl ca. 1 cm dick ausrollen. Anschließend Kreise mit einem Durchmesser von 5–6 cm ausstechen und auf das Backpapier setzen. Mit Milch bestreichen und für ca. 10–12 Minuten goldbraun backen. Auf einem Kuchengitter auskühlen lassen und frisch mit Clotted Cream und Himbeermarmelade genießen.

Tipp: *Für Früchte-Scones geben Sie einfach 1–2 Handvoll Trockenfrüchte (Rosinen, Cranberrys, gewürfelte Marillen ...) mit der Milch zum Teig.*

CLOTTED CREAM

Clotted Cream gehört zu Scones wie eine selbstgemachte leckere Beerenmarmelade. Ein guter Ersatz für Clotted Cream ist vom Geschmack, aber auch von der Konsistenz her in jedem Fall der italienische Mascarpone.

Zutaten
500 ml frische Sahne (am besten vom Bauernmarkt, der ist meistens fetter, oder Crème double)

Sahne ca. 3 cm hoch in eine dafür geeignete Auflaufform oder einen Kochtopf gießen. Am Abend in den auf 80° C Ober-Unterhitze vorgeheizten Backofen stellen. Am Morgen – also nach ca. 10 Stunden – aus dem Ofen nehmen, etwas abkühlen lassen, anschließend im Kühlschrank mehrere Stunden kühlen. Die Creme abschöpfen, in Schraubgläser füllen und bis zum Servieren kühlen. So hält sich die Clotted Cream 4–5 Tage.

Five o'clock Tea

Nichts passt besser zu einem Five o'clock Tea als Scones mit Clotted Cream und Himbeermarmelade! Und sollten Sie um 5 Uhr nachmittags meistens Besseres zu tun haben – kaum zu glauben zwar –, dann schmecken die schnell gemachten Scones auch wundervoll zum Frühstück, zwischendurch, statt Kuchen zum Kaffee ...

Weiße Pfirsichmarmelade

Zutaten für ca. 3 Gläser à 200 ml
ca. 600 g weiße Pfirsiche
250 g Gelierzucker 2:1

Die Pfirsiche halbieren, den Kern entfernen und das Fruchtfleisch im Standmixer oder mit dem Mixstab fein pürieren. Anschließend durch ein feines Sieb streichen und mit dem Zucker erhitzen. Für 3 Minuten sprudelnd kochen lassen. Dabei gegebenenfalls den Schaum abschöpfen. Noch heiß in Gläser füllen, gut verschließen und für einige Minuten auf den Kopf stellen. Im Kühlschrank lagern.

Croissants

... und zwar die besten Croissants der Welt (ausgenommen Frankreich)!

Zutaten für 30 Stück
500 g Kuchenmehl
1 1/4 TL Salz
1 Päckchen Trockenhefe
50 g Zucker
2 EL lauwarmes Wasser
130 ml Milch
130 ml Wasser
40 g Butter

außerdem
300 g Butter

sowie
Mehl zum Bearbeiten
1 Eigelb und etwas Sahne

Für den Hefeteig das Kuchenmehl in eine Schüssel sieben und mit dem Salz vermengen. Trockenhefe und Zucker mit 2 EL Wasser anrühren und kurz stehen lassen. Währenddessen Milch und Wasser mit der Butter auf ca. 30 °C erwärmen, zum Mehl gießen und mit der Hefe-Zucker-Mischung einen geschmeidigen Hefeteig kneten. Diesen zugedeckt für ca. 1 Stunde an einem warmen Ort gehen lassen.

Anschließend den Teig in eine leicht bemehlte Auflaufform legen, etwas flach drücken und mit Klarsichtfolie zugedeckt für ca. 2 Stunden kühlen. Die Hälfte der Butter aus dem Kühlschrank nehmen und in sehr dünne Scheiben schneiden.

Den gekühlten Teig auf einer leicht bemehlten Arbeitsfläche zu einem Rechteck (ca. 40 x 30 cm) ausrollen und 2/3 davon mit den Butterscheiben belegen, dabei am Rand ca. 2 cm frei lassen. Zu drei Lagen falten, dabei mit dem nicht mit Butter belegten Teil beginnen. Den Teig etwas ausrollen und entgegengesetzt erst die beiden Enden zur Mitte falten, dann zusammenlegen. Wieder 2 Stunden kühlen und diesen Vorgang wiederholen – also ausrollen, mit Butterscheiben aus der restlichen Butter belegen, falten, ausrollen, falten. So zugedeckt am besten über Nacht kühlen.

Am nächsten Tag den Teig zu einem Rechteck von ca. 30 x 90 cm und ca. 3 mm dick ausrollen. Die Bahn der Länge nach halbieren und die einzelnen Bahnen in je ca. 15 Dreiecke (Höhe ca. 15 cm) schneiden, das geht am besten mit einem Pizzaschneider. Die Dreiecke an der Spitze etwas langziehen und von der breiten Seite her einrollen. Zu einem Hörnchen biegen und auf ein mit Backpapier belegtes Backblech (Sie brauchen davon mindestens zwei) legen. Mit Eigelb-Sahne bepinseln und 1–2 Stunden gehen lassen. Backofen auf 220 °C Ober- und Unterhitze vorheizen. Die Croissants noch einmal mit Eigelb-Sahne bestreichen, in den Backofen schieben und ein Stamperl Wasser auf den Backofenboden gießen. Tür schließen und 5 Minuten backen. Anschließend Backofentür kurz öffnen, Temperatur auf 200 °C reduzieren und für ca. 10 Minuten fertig backen. Auf Kuchengitter auskühlen lassen und frisch genießen. Die Croissants vom zweiten und dritten Blech genauso backen.

Marillenmarmelade

Zutaten für ca. 3 Gläser à 200 ml
ca. 600 g reife Marillen
250 g Gelierzucker 2:1

Die Marillen halbieren, den Kern entfernen und das Fruchtfleisch im Standmixer oder mit dem Mixstab fein pürieren. Anschließend durch ein feines Sieb streichen und mit dem Zucker erhitzen. Für 3 Minuten sprudelnd kochen lassen. Dabei gegebenenfalls den Schaum abschöpfen. Noch heiß in Gläser füllen, gut verschließen und für einige Minuten auf den Kopf stellen.

Im Kühlschrank lagern.

Kleine Marillenroulade

MIT BEERENOBERS

Eine wundervolle Kindheitserinnerung, und diese köstliche und einfache Roulade schmeckt immer noch himmlisch!

Zutaten für 1 kleine Roulade
3 Eiweiß
1 Prise Salz
60 g Zucker + etwas zum Bestreuen
3 Eigelbe
30 g Kuchenmehl
30 g Speisestärke

sowie
Zucker für das Tuch
1 Glas Marillenmarmelade zum Füllen

Zum Servieren
250 ml Sahne
1 EL Vanillezucker
ca. 200 g frische Beeren (Himbeeren, Erdbeeren, Heidelbeeren ...)
Staubzucker zum Bestreuen
frische Minze als Garnitur

Für die Roulade den Backofen auf 200 °C Ober-Unterhitze oder 180° Heißluft vorheizen. Ein Backblech mit Backpapier belegen. Eiweiß mit Salz steifschlagen, Zucker dazugeben und weiterschlagen. Nach und nach Eigelbe einrühren. Kuchenmehl und Speisestärke darübersieben und vorsichtig unterheben. Auf zwei Dritteln des Backbleches verteilen und im Backofen auf mittlerer Schiene für 8–10 Minuten backen.

Aus dem Ofen nehmen, auf ein mit Zucker bestreutes Tuch stürzen, Backpapier abziehen und die Roulade mit der Marillenmarmelade bestreichen. Mit Hilfe des Tuches straff einrollen und im Tuch eingewickelt auskühlen lassen.

Sahne mit Vanillezucker steifschlagen. Die Beeren je nach Belieben ganz lassen oder schneiden und unter die Sahne heben.

Die Roulade aus dem Tuch wickeln, auf eine Platte heben und mit Staubzucker bestreut mit dem Beerensahne sowie frischer Minze als Garnitur servieren.

Verrückte Marmeladen

... und wenn Sie einmal Lust auf richtig außergewöhnliche, aber nicht weniger köstliche Marmeladen haben, bitte sehr:

Apple Pie Jam

Zutaten für ca. 3 Gläser à 200 ml
4–5 säuerliche Äpfel
Saft von 1/2 Bio-Zitrone
1 Espressolöffel Zimt
je 1 Msp. gemahlener Ingwer und Muskatnuss
1 kleine Prise Salz
150 g brauner Zucker
150 g Gelierzucker 2:1

Die Äpfel schälen, das Kerngehäuse entfernen und das Fruchtfleisch fein würfeln. Mit den restlichen Zutaten langsam erhitzen und für ca. 5 Minuten kochen lassen. Noch heiß in Gläser füllen, gut verschließen und für wenige Minuten auf den Kopf stellen.

Kühl und dunkel lagern. Nach dem Öffnen im Kühlschrank aufbewahren und rasch genießen.

Apple Pie Jam schmeckt nicht nur himmlisch zu Brot und Gebäck jeder Art, sondern auch wunderbar zu einem Stückchen Käse.

Carrot Cake Jam

oder Rüblikuchenmarmelade. Verrückt, aber köstlich!

Zutaten für ca. 3 Gläser à 200 ml
4–5 mittelgroße Karotten
1/2 Ananas oder 2 Babyananas
1 Apfel
Saft von 2 Orangen
1 TL Zimt
je 1 Msp. gemahlene Nelken und Muskatnuss
200 g Feinkristallzucker
200 g Gelierzucker 2:1

Die Karotten schälen und fein raspeln. Ananas schälen, Strunk entfernen und Fruchtfleisch fein würfeln. Den Apfel ebenfalls schälen, das Kerngehäuse entfernen und das Fruchtfleisch würfeln. Alles zusammen mit dem Orangensaft sowie den Gewürzen erhitzen und für ca. 20 Minuten auf kleinem Feuer köcheln lassen. Die beiden Zuckersorten einrühren und für weitere 10 Minuten köcheln lassen, dabei ab und zu – vor allem gegen Ende der Kochzeit – umrühren. Noch heiß in saubere Gläser füllen, gut verschließen und für mehrere Minuten auf den Kopf stellen.

Kühl und dunkel lagern. Nach dem Öffnen im Kühlschrank aufbewahren und während ca. 2 Wochen genießen.

Die Marmelade passt wundervoll zum Frühstück auf frisches Brot und Gebäck, aber auch als fruchtige Füllung für einen Karottenkuchen. Außerdem schmeckt sie einfach himmlisch zu frischen Pancakes.

Pancakes

MIT ZIMT

Zum Sonntagsbrunch oder statt Kuchen zum Kaffee – mmmh!

Zutaten für 4–6 Personen
150 g Kuchenmehl
1 TL Backpulver
1/2 TL Salz
1 TL gemahlener Zimt
1 EL Vanillezucker
3 große Bio-Eier
ca. 200 ml Buttermilch
50 g flüssige Butter

sowie
Butter oder Butterschmalz

Zum Servieren
1 Glas Carrot Cake Jam und/oder
Apple Pie Jam
200 g Mascarpone

Mehl mit Backpulver sieben und mit Salz, Zimt und Vanillezucker mischen. Die Eier trennen. Buttermilch, Eigelbe und flüssige Butter gut miteinander verrühren und mit der Mehlmischung mischen. Eiweiß steifschlagen und unterheben.

Etwas Butter oder Butterschmalz erhitzen, kleine Teighäufchen – etwa 1 EL – darin verteilen und langsam goldbraun backen. Anschließend wenden und die zweite Seite ebenfalls goldbraun backen.

Die Pancakes noch lauwarm mit etwas Mascarpone und Marmelade servieren.

Erdbeermarmelade

Zutaten für ca. 3 Gläser à 200 ml
500 g frische Erdbeeren
250 g Gelierzucker 2:1

Die Erdbeeren entstielen und mit dem Mixstab fein pürieren. Mit dem Zucker in einem Topf erhitzen und 3 Minuten kräftig kochen lassen. Dabei gegebenenfalls den Schaum abschöpfen. Noch heiß in saubere Gläser füllen und gut verschließen. Für einige Minuten auf den Kopf stellen.

Da wir verhältnismäßig wenig Zucker verwendet haben, bitte im Kühlschrank lagern.

Tipp: *Wenn Sie größere Mengen Marmelade zubereiten, empfiehlt es sich, diese einzufrieren. Das ist zwar nicht der Sinn des Einmachens, aber die Marmelade behält ihre leuchtende Farbe und ihren vollen Geschmack.*

Über-Nacht-Brötchen

Zutaten für ca. 12 kleine Brötchen
500 g Kuchenmehl Type 480
1 TL Salz
130 ml lauwarme Milch
130 ml lauwarmes Wasser
1 Päckchen Trockenhefe
1 TL Zucker
1 Ei

sowie
1 EL Butter

Vor dem Backen
1 Eigelb mit etwas Wasser gemischt
verschiedene Samen wie Mohn, Sesam, Leinsamen

Kuchenmehl und Salz vermengen. Milch und Wasser mit Trockenhefe und Zucker verrühren und einige Minuten gehen lassen. Anschließend zum Mehl gießen, das Ei dazugeben und zu einem geschmeidigen Hefeteig kneten. Zugedeckt gehen lassen, bis sich das Volumen verdoppelt hat – ca. 1 Stunde.

Anschließend den Teig aus der Schüssel nehmen, in ca. 12 gleich große Stücke teilen, diese zu runden Brötchen formen und auf ein mit Backpapier belegtes Backblech setzen. Achten Sie darauf, dass das Backblech in Ihrem Kühlschrank Platz hat!

Butter schmelzen und die Brötchen damit bestreichen. Mit Klarsichtfolie locker bedecken und über Nacht in den Kühlschrank stellen.

Am nächsten Morgen die Brötchen aus dem Kühlschrank nehmen und ca. 20 Minuten bei Raumtemperatur gehen lassen. Währenddessen den Backofen auf 200 °C Ober-Unterhitze vorheizen. Die Brötchen mit dem Eigelb-Wasser-Gemisch bepinseln und mit beliebigen Samen bestreuen. Das Backblech in den Ofen schieben, 1 Glas Wasser auf den Backofenboden gießen und sofort schließen. Nach 10 Minuten die Backofentür öffnen und den Dampf entweichen lassen. Wieder schließen und die Brötchen in 10–15 Minuten fertig backen.

Aus dem Backofen nehmen, kurz auf einem Kuchengitter überkühlen lassen und noch frisch mit etwas Butter und Marmelade servieren.

Tipp: *Wer mag, kann dem Teig noch Rosinen oder getrocknete Cranberrys, aber auch andere Trockenfrüchte oder Nüsse hinzufügen.*

Johannisbeermarmelade

Zutaten für ca. 3 Gläser à 200 ml
ca. 600 g frische rote Johannisbeeren
300 g Gelierzucker 2:1

Die Johannisbeeren mit dem Zucker gut vermengen und für ca. 2 Stunden zugedeckt ziehen lassen. Anschließend erhitzen und für 3 Minuten sprudelnd kochen lassen. Dabei gegebenenfalls den Schaum abschöpfen. Noch heiß in Gläser füllen, gut verschließen und für einige Minuten auf den Kopf stellen.

Im Kühlschrank lagern.

Mamas Linzer Schnitten

Zutaten für ca. 1/2 Backblech
300 g Kuchenmehl Type 480
1 TL Backpulver
1 Prise Salz
180 g Staubzucker
200 g gemahlene Mandeln
je 1 Espressolöffel gemahlener Zimt und Nelken
abgeriebene Schale von 1/2 Bio-Zitrone
220 g Butterstückchen
4 Eigelbe

sowie
etwas Mehl zum Bearbeiten
mindestens 1 Glas Johannisbeermarmelade
Eigelb-Sahne zum Bestreichen

außerdem
Staubzucker zum Bestreuen

Mehl mit Backpulver in eine Schüssel sieben und mit Salz, Staubzucker und gemahlenen Mandeln sowie den Gewürzen und dem Zitronenabrieb vermengen. Butterstücke dazugeben und zu einem krümeligen Teig verarbeiten. Anschließend die Eigelbe einarbeiten, bis ein geschmeidiger Mürbteig entsteht. Sollte der Teig zu bröselig sein, einfach 1–2 EL kaltes Wasser dazugeben. Den Teig in Folie wickeln und für mindestens 1 Stunde kühl rasten lassen.

Den Teig aus dem Kühlschrank nehmen. Den Backofen auf 180 °C Ober-Unterhitze vorheizen. Gut die Hälfte des Teiges auf die Größe eines halben Backbleches ausrollen und auf ein mit Backpapier belegtes Backblech setzen. Mit Johannisbeermarmelade großzügig bestreichen. Aus dem restlichen Teig kleine Röllchen formen und diese gitterartig auf der Marmelade verteilen. Die Teiggitter mit Eigelb-Sahne-Mischung bepinseln, das Backblech in den Ofen schieben und ca. 30–40 Minuten backen. Sollten die Linzer Schnitten zu rasch bräunen, mit etwas Alufolie abdecken.

Den Kuchen aus dem Backofen nehmen und völlig auskühlen lassen. Mit Alufolie bedecken und 1–2 Tage ruhen lassen. Anschließend in Stücke schneiden, mit Staubzucker bestreuen und genießen.

Tipp: *Die Linzer Schnitten halten sich in einem luftdichten Behälter gelagert mehrere Wochen. Meine Oma hat uns immer mit einer Blechdose voller Linzer Schnitten versorgt, wenn wir auf Landschultage gefahren sind.*

Beerenmarmelade

Eine wundervolle Marmelade, ausnahmsweise mit ganzen Früchten.

Zutaten für ca. 6 Gläser à 200 ml

400 g Erdbeeren
500 g Gelierzucker 2:1
200 g Himbeeren
200 g Heidelbeeren
200 g Brombeeren

Die Erdbeeren mit dem Mixstab fein pürieren und mit dem Zucker in einen Topf geben. Erhitzen und für 2 Minuten kochen lassen. Restliche Beeren dazugeben, wieder erhitzen und für weitere 2 Minuten stark kochen lassen. Dabei gegebenenfalls den Schaum abschöpfen. Noch heiß in saubere Gläser füllen, gut verschließen und für einige Minuten auf den Kopf stellen.

Kühl und dunkel lagern. Nach dem Öffnen im Kühlschrank aufbewahren und innerhalb weniger Wochen genießen.

Kleine Hefezöpfe

Zutaten für 4 kleine Zöpfe

500 g Kuchenmehl
1 TL Salz
3 EL Zucker
1 EL Vanillezucker
1 Päckchen Trockenhefe
250 ml lauwarme Milch
60 g flüssige Butter
1 Ei

sowie

1 Eigelb und etwas Sahne

Für den Hefeteig Mehl, Salz, Zucker und Vanillezucker mischen. Trockenhefe in etwas Milch auflösen und für ca. 5 Minuten gehen lassen. Restliche lauwarme Milch mit flüssiger Butter sowie dem Ei verrühren und mit allen Zutaten zu einem lockeren Teig kneten. Zugedeckt an einem warmen Ort gehen lassen, bis sich das Teigvolumen fast verdoppelt hat.

Den Teig vierteln, jedes Teigstück dritteln oder halbieren und jeweils zu einem Zopf flechten. Auf ein oder zwei mit Backpapier belegte Backbleche legen und mit einem Tuch zugedeckt ca. 30 Minuten gehen lassen.

Backofen auf 190 °C vorheizen. Die Zöpfe mit Eigelb-Sahne bepinseln und im Backofen auf der mittleren Schiene ca. 20–25 Minuten goldbraun backen.

Auf einem Kuchengitter auskühlen lassen und genießen.

Tipp: *Die kleinen Zöpfe lassen sich wundervoll tiefkühlen und so haben Sie immer einen kleinen Zopf auf Vorrat, der bei Raumtemperatur in kurzer Zeit aufgetaut ist.*

Preiselbeeren

Zutaten für ca. 5 Gläser à 250 ml

1 kg frische Preiselbeeren
Saft von 1 Orange
1 Tasse Wasser oder Preiselbeersaft
600 g Zucker

Die Preiselbeeren mit Orangensaft, Wasser oder Saft und dem Zucker vermengen und zugedeckt mehrere Stunden ziehen lassen. Anschließend zum Kochen bringen und ca. 6–8 Minuten kräftig kochen lassen. Dabei gegebenenfalls den Schaum abschöpfen. Die Marmelade noch heiß in saubere Gläser füllen, gut verschließen und für einige Minuten auf den Kopf stellen.

Kühl und dunkel lagern. Nach dem Öffnen im Kühlschrank aufbewahren. Die Preiselbeermarmelade ist mehrere Monate haltbar.

Preiselbeeren passen natürlich zu allen Wildgerichten, zum klassischen Wiener Schnitzel, aber auch zu geräuchertem oder gebeiztem Fisch. Auch zum Käse, zu Speck und darüber hinaus zu vielen Süßspeisen wie zum Kaiserschmarren, zu den Grießschnitten, und probieren Sie sie bitte unbedingt einmal zu einem Schokoladenkuchen mit Schlagsahne – eine himmlische Kombination!

Roastbeef

VOM HIRSCHKALB MIT APFEL-SELLERIE-SALAT

Zutaten für 4–6 Personen
ca. 600 g ausgelöstes Hirschrückenfilet
Salz und Pfeffer
2 Zweige Rosmarin
etwas Butterschmalz

Für den Sellerie-Salat
ca. 300 g geschälter Knollensellerie
Salz
Zucker
Pfeffer
2 EL Sauerrahm
2 EL griechischer Joghurt
1 TL grober Senf
etwas weißer Balsamicoessig und/oder Zitronensaft

außerdem
1–2 knackige, süß-saure Äpfel
Zitronensaft
2 Frühlingszwiebeln
ca. 2 EL Preiselbeeren
Kräuter als Garnitur

Den Backofen auf 80 °C Ober-Unterhitze vorheizen. Eine Platte mitwärmen. Das Hirschrückenfilet mit Salz und Pfeffer würzen und mit den Rosmarinzweigen im heißen Butterschmalz ungefähr 6 Minuten rundherum braten. Auf die Platte in den Ofen legen und – je nach Stärke des Fleischstückes – 1–2 Stunden sanft garen.

Anschließend herausnehmen, auskühlen lassen, in Frischhaltefolie wickeln und für einige Stunden oder über Nacht im Kühlschrank lagern.

Für den Salat den Knollensellerie erst in dünne Scheiben, anschließend in sehr feine Streifen schneiden. Mit etwas Salz und Zucker durchkneten und kurz ziehen lassen. Mit den restlichen Zutaten vermengen und abermals abschmecken.

Die Äpfel mit einem geeigneten Ausstecher entkernen und mit einem Hobel oder der Aufschnittmaschine in dünne Scheiben schneiden. Mit Zitronensaft beträufeln und bereitstellen. Frühlingszwiebeln in Ringe schneiden.

Vor dem Servieren den Hirschrücken in dünne Scheiben schneiden. Äpfel und Selleriesalat im Wechsel zu kleinen Türmchen schichten. Die Fleischscheiben dekorativ dazu anrichten. Mit Frühlingszwiebeln bestreuen und mit Preiselbeeren und Kräutern garniert servieren.

... und noch mehr meiner liebsten Marmeladerezepte!

Marmeladerezepte

Rhabarbermarmelade

Zutaten für ca. 2 Gläser à 200 ml
500 g hellrosa Rhabarber (oder siehe Tipp)
2 EL Wasser
200 g Gelierzucker 2:1

Den Rhabarber waschen, trocknen und die Enden abschneiden. Anschließend die Stängel in ca. 5 mm lange Stücke schneiden und mit dem Wasser in einen Topf geben. Erhitzen und für ca. 2 Minuten leise köcheln lassen, bis der Rhabarber beginnt, weich zu werden. Den Zucker dazugeben, aufkochen und für 3 Minuten kochen lassen. Dabei gegebenenfalls den Schaum abschöpfen. Noch heiß in saubere Gläser füllen, gut verschließen und für einige Minuten auf den Kopf stellen.

Aufgrund des niedrigen Zuckergehalts im Kühlschrank lagern.

Tipp: *Falls Sie keinen hellrosafarbenen Rhabarber im Garten ernten können und auch im Supermarkt keinen bekommen, nehmen Sie einfach ganz normalen Rhabarber, schälen Sie diesen vor der Zubereitung und geben noch 1 EL Grenadinesirup mit dem Zucker dazu. Ohne Grenadinesirup neigt der Rhabarber dazu, bei der Verarbeitung eine weniger reizvolle braun-graue Farbe zu bekommen.*

Zwetschkenmarmelade

MIT ZIMT

Zutaten für ca. 3 Gläser à 200 ml
ca. 600 g frische, reife Zwetschken
250 g Gelierzucker 2:1
1/2 Zimtstange

Die Zwetschken halbieren und den Kern entfernen. Mit dem Mixstab fein pürieren, anschließend durch ein feines Sieb streichen und mit dem Gelierzucker sowie der Zimtstange erhitzen und für 3 Minuten stark kochen lassen. Dabei gegebenenfalls den Schaum abschöpfen. Zimtstange entfernen, die Marmelade noch heiß in Gläser füllen, gut verschließen und für einige Minuten auf den Kopf stellen.

Kühl und dunkel lagern. Nach dem Öffnen im Kühlschrank aufbewahren.

Brombeermarmelade

MIT VANILLE

Zutaten für ca. 3 Gläser à 200 ml
500 g frische Brombeeren
1/2 Vanilleschote
250 g Gelierzucker 2:1

Die Brombeeren mit der aufgeschlitzten Vanilleschote sowie dem Gelierzucker erhitzen und für 3 Minuten stark kochen lassen. Dabei gegebenenfalls den Schaum abschöpfen. Vanilleschote entfernen, die Marmelade noch heiß in Gläser füllen, gut verschließen und für einige Minuten auf den Kopf stellen.

Da wir verhältnismäßig wenig Zucker verwendet haben, bitte im Kühlschrank lagern.

Blutorangenmarmelade

Zutaten für ca. 2 Gläser à 250 ml
3–4 Bio-Blutorangen
400 ml frisch gepresster Blutorangensaft
250 g Gelierzucker 2:1

Von den Blutorangen die Zesten abziehen oder die Hälfte ganz dünn mit einem Sparschäler abschälen und in feinste Streifen schneiden. Anschließend die Orangen filetieren. Dazu die Orangen samt weißer Schale mit einem scharfen Messer schälen und die einzelnen Filets dicht an den Häutchen entlang herausschneiden. Dabei unbedingt den Saft auffangen und zum Blutorangensaft geben. Blutorangensaft, Zesten und Gelierzucker vermengen und langsam aufkochen, dabei den entstehenden Schaum an der Oberfläche abschöpfen. 2 Minuten kochen lassen, die Filets dazugeben und noch 1 weitere Minute kochen. Noch heiß in ausgespülte Gläser füllen, gut verschließen und für ca. 5 Minuten auf den Kopf stellen. Anschließend umdrehen und auskühlen lassen. Im Kühlschrank lagern.

Die Blutorangenmarmelade schmeckt nicht nur wundervoll auf Brot und Gebäck, probieren Sie die Marmelade auch in Palatschinken oder – leicht erwärmt, eventuell mit einem Schuss Cointreau – zu einer Kugel Vanilleeis mit oder ohne Schokoladenkuchen! Lecker!

Kirschenmarmelade

Zutaten für ca. 3 Gläser à 200 ml
500 g rote Kirschen
250 g Gelierzucker 2:1

Die Kirschen entkernen, mit dem Gelierzucker langsam erhitzen und für 3 Minuten stark kochen lassen. Dabei gegebenenfalls den Schaum abschöpfen. Noch heiß in Gläser füllen, gut verschließen und für einige Minuten auf den Kopf stellen.

Da wir verhältnismäßig wenig Zucker verwendet haben, bitte im Kühlschrank lagern.

Mango-Passionsfrucht-Marmelade

MIT ZIMT

Zutaten für 2–3 Gläser à 200 ml
2 reife Mangos
3–4 Passionsfrüchte
Gelierzucker 2:1 nach Bedarf (abhängig von der Größe der Früchte)

Die Mangos schälen, das Fruchtfleisch vom Kern abschneiden und grob würfeln. Passionsfrüchte halbieren, das Fruchtmark mit den Kernen herausschöpfen und durch ein feines Sieb streichen. Das reine Fruchtmark mit der Mango fein pürieren. Anschließend abwiegen, mit der Hälfte des Gewichtes an Gelierzucker erhitzen und für 3 Minuten stark kochen lassen. Dabei gegebenenfalls den Schaum abschöpfen. Noch heiß in Gläser füllen, gut verschließen und für einige Minuten auf den Kopf stellen. Im Kühlschrank lagern.

MAKING OF ...

*»Versuchungen
sollte man nachgeben.
Wer weiß,
ob sie wiederkommen.«*

OSCAR WILDE

Wundervolle Früchte

Gehören eingemachte Kirschen, Zwetschken, Marillen und Co. auch zu Ihren Kindheitserinnerungen? Wie wundervoll, dass wir diese Erinnerungen auch unseren Kindern schenken können. Früchte einzumachen heißt nämlich tatsächlich so richtig einkochen, einmachen, einwecken! Die Sachen halten tatsächlich monatelang einfach so – beeindruckend!

Ein leckeres Apfelmus, Zwetschken- oder Marillenröster, Stachelbeerkompott und vieles mehr bereichern dabei das ganze Jahr über unseren Speiseplan. Eingelegte Pfirsiche, Gewürzbirnen, Cranberrys und und und – es gibt so viele Möglichkeiten, die verschiedenen Früchte haltbar zu machen!

Dazu eine Auswahl aus der wundervollen österreichischen Mehlspeisenküche. Da dürfen Buchteln, Kaiserschmarren und Topfenknödel natürlich nicht fehlen. Und dann werden Sie zwischen allen süßen Gerichten den Rehrücken mit Kräuter-Nuss-Kruste entdecken, der seinen Platz zu Recht in diesem Kapitel hat, auch wenn das nur an der beigelegten Gewürzbirne liegt.

Apfelmus

Zutaten für ca. 2 Gläser à 300 ml
ca. 1 kg Äpfel (vorzugsweise Boskop)
ca. 1 l kaltes Wasser
Saft von 1 Bio-Zitrone
1 EL Honig

sowie
200 g Zucker
1 Zimtstange

Ca. 1 Liter Wasser mit Zitronensaft und Honig verrühren und bereitstellen. Äpfel schälen, entkernen und in Spalten schneiden; diese sofort in das vorbereitete Zitronen-Honig-Wasser legen.

Anschließend die Äpfel mit 1/2 Tasse vom Zitronen-Honig-Wasser in einen Topf geben, Zucker und Zimtstange dazugeben und erhitzen. Langsam ca. 10 Minuten unter mehrmaligem Rühren köcheln lassen, bis die Äpfel weich sind. Anschließend mit dem Mixstab fein pürieren und noch heiß in ausgespülte Gläser füllen, diese gut verschließen und für einige Minuten auf den Kopf stellen.

Kühl und dunkel lagern. Nach dem Öffnen im Kühlschrank lagern und während 2–3 Tagen genießen.

Das Apfelmus schmeckt einfach pur, mit einer Prise Zimt bestreut, zu Joghurt, zu Riebel und vielem mehr.

Omas Grießschnitten

Grießschnitten mit Apfelmus können als Süßspeise an fleischlosen Tagen, aber auch – dann eine kleinere Portion – als Nachspeise serviert werden.

Zutaten für 4–8 Personen
500 ml Milch
1 EL Butter
1 EL Vanillezucker
1 Prise Salz
200 g feiner Weizengrieß

sowie
etwas Mehl
2 Eier
3 EL Sahne
Semmelbrösel nach Bedarf

außerdem
Butterschmalz zum Ausbacken
Zucker und Zimt zum Wenden
Staubzucker zum Bestreuen
1 Glas Apfelmus

Die Milch mit Butter, Vanillezucker und Salz erhitzen. Den Grieß in die kochende Milchmischung einrieseln lassen, dabei kräftig rühren und dick einkochen lassen. Vom Herd nehmen und etwas auskühlen lassen. Anschließend mit feuchten Händen eine ca. 4 cm dicke Rolle formen, in Folie wickeln und völlig auskühlen lassen.

Die Grießrolle in ca. 1,5 cm dicke Scheiben schneiden. Diese in Mehl, Ei-Sahne-Gemisch und Semmelbröseln panieren und in Butterschmalz nach und nach goldbraun ausbacken. Aus dem Fett heben, kurz abtropfen lassen und in der Zucker-Zimt-Mischung wenden. Noch heiß auf Teller verteilen, mit etwas Staubzucker bestreuen und mit einem Schälchen Apfelmus servieren.

Marillenröster

Zutaten für 2 Gläser à 400 ml

1 kg reife Marillen
200 g Zucker
Saft von 1/2 Zitrone
1 Zimtstange
1 Vanilleschote

Die Marillen halbieren und den Kern entfernen. Marillenhälften noch einmal der Länge nach halbieren und mit Zucker, Zitronensaft, der Zimtstange sowie der aufgeschlitzten Vanilleschote in einem breiten Topf langsam erhitzen. Anschließend für ca. 15 Minuten köcheln lassen. In saubere Gläser füllen und fest verschließen. Schraubgläser für einige Minuten auf den Kopf stellen.

Kühl und dunkel gelagert ist der Marillenröster mehrere Monate haltbar, geöffnet im Kühlschrank einige Tage.

Der Marillenröster passt wundervoll zu Joghurt, Mascarpone-Creme, Puddings, zu Kuchen und zu vielen Süßspeisen wie Topfenknödeln, zum Kaiserschmarren, zu Eiscremes und vielem mehr.

Dukatenbuchteln

MIT VANILLESAUCE UND MARILLENRÖSTER

Die lockeren Buchteln, die selbstgemachte Vanillesauce und der fruchtige Marillenröster schmecken einfach himmlisch!

Zutaten für 8–10 Personen
500 g Kuchenmehl Type 480
1 EL Vanillezucker
1/2 TL Salz
100 g Kristallzucker
200 ml lauwarme Milch
1 Päckchen Trockenhefe
120 g flüssige Butter
2 Eier

sowie
ca. 100 g flüssige Butter

Für die Vanillesauce
400 ml Vollmilch
200 ml Sahne
1 Vanilleschote
5 Eigelbe
ca. 100 g Zucker
3–4 EL geschlagene Sahne

Zum Servieren
Staubzucker zum Bestreuen
1 Glas Marillenröster

Für die Buchteln Mehl mit Vanillezucker, Salz und der Hälfte des Zuckers vermengen. Restlichen Zucker mit der Milch und der Trockenhefe verrühren und kurz gehen lassen. Anschließend mit den restlichen Zutaten zu einem geschmeidigen Hefeteig kneten. Zugedeckt gehen lassen, bis er sein Volumen verdoppelt hat.

Währenddessen für die Vanillesauce die Milch mit der Sahne und der längs aufgeschlitzten Vanilleschote aufkochen und 10 Minuten ziehen lassen. Eigelbe mit Zucker sehr schaumig schlagen, Milch wieder auf den Herd stellen und die Eigelbmischung einrühren. Unter ständigem Rühren die Vanillemilch erhitzen, bis sie cremig wird – dabei darf sie auf gar keinen Fall kochen. Anschließend vom Herd nehmen und durch ein Sieb gießen. Auskühlen lassen und zugedeckt kühlen. Vor dem Servieren die geschlagene Sahne unterheben.

Den Hefeteig aus der Schüssel nehmen und in gut walnussgroße Stücke teilen. Diese zu kleinen Kugeln formen und mit der Unterseite in die flüssige Butter tauchen. In eine große oder mehrere kleine Formen nebeneinandersetzen und wieder zugedeckt ca. 30 Minuten gehen lassen.

Währenddessen den Backofen auf 180 °C Ober-Unterhitze vorheizen. Die Buchteln mit der restlichen flüssigen Butter bepinseln und im Backofen für ca. 20 Minuten goldbraun backen. Herausnehmen, mit Staubzucker bestreuen und noch heiß mit der Vanillesauce und dem Marillenröster servieren.

Rhabarbermus

Zutaten für ca. 2 Gläser à 300 ml
1 kg Rhabarber (vorzugsweise hellrosa oder siehe Tipp)
200 g Zucker
1/2 Vanilleschote
Saft von 1 Zitrone

Den Rhabarber waschen, die Enden abschneiden und die Stängel ungeschält in ca. 1 cm lange Stücke schneiden. Diese mit Zucker, der aufgeschlitzten Vanilleschote und Zitronensaft aufkochen und ca. 10 Minuten leise köcheln lassen. Anschließend mit dem Mixstab fein pürieren, noch heiß in saubere Gläser füllen, fest verschließen und für mehrere Minuten auf den Kopf stellen.

Kühl und dunkel lagern. Nach dem Öffnen im Kühlschrank aufbewahren und während 2–3 Tagen genießen.

Das Rhabarbermus passt wundervoll zu Joghurt, Mascarpone-Creme, zu den JoghurtnockerIn von Seite 220, zu Eiscremes und vielem mehr!

Topfenknödel

MIT RHABARBERMUS

Zutaten für ca. 12–15 kleine Knödel
250 g Topfen (20 % Fett)
80 g Weißbrotbrösel (aus entrindetem Toastbrot)
1 TL griffiges Mehl
1 Ei
1 Eigelb
40 g weiche Butter
1 EL Zucker
1 TL Vanillezucker
1 Prise Salz

sowie
etwas Zucker fürs Kochwasser

Für die Brösel
2 EL Butter
2–3 Handvoll Semmelbrösel
3 EL Zucker

Für die Knödel den Topfen in einem Geschirrtuch gut ausdrücken und mit den restlichen Zutaten zu einem Teig rühren. Für 1 Stunde im Kühlschrank ruhen lassen.

Währenddessen die Butter erhitzen, Semmelbrösel und Zucker einrühren und langsam unter ständigem Rühren goldbraun rösten.

Den Topfenteig zu einer Rolle formen und in 12–15 gleich große Stücke teilen. Diese zu kleinen Knödeln formen. Reichlich Wasser mit etwas Zucker zum Kochen bringen und die Knödel darin 10–13 Minuten mehr ziehen als kochen lassen.

Aus dem Wasser heben, etwas abtropfen lassen und in den Bröseln wenden. Das Rhabarbermus auf Tellern verteilen, jeweils einen Knödel dazu anrichten und mit Staubzucker bestreut sowie einem Minzezweig servieren.

Zum Servieren
1 Glas Rhabarbermus
Staubzucker zum Bestreuen
frische Minze

Zwetschkenröster

Zutaten für 2 Gläser à 400 ml

1 kg Zwetschken
200 g Zucker
2 EL Wasser
2 EL Grenadinesirup (falls vorrätig)
Saft von 1/2 Zitrone
1 Zimtstange

Die Zwetschken halbieren und den Kern entfernen. Zwetschkenhälften noch einmal der Länge nach halbieren und mit Zucker, Wasser, Sirup, Zitronensaft und der Zimtstange in einem breiten Topf langsam erhitzen. Anschließend für ca. 20–25 Minuten köcheln lassen. In saubere Gläser füllen und fest verschließen. Schraubgläser für einige Minuten auf den Kopf stellen.

Kühl und dunkel gelagert ist der Zwetschkenröster mehrere Monate haltbar, geöffnet im Kühlschrank einige Tage.

Kaiserschmarren

Es gibt unzählige Rezepte für Kaiserschmarren und bei vielen frage ich mich, ob sie den Namen überhaupt verdient haben. Für einen perfekten Kaiserschmarren braucht man vor allem Zeit und Geduld und natürlich das richtige Rezept. Ob mein Rezept das richtige ist, kann ich Ihnen nicht sagen, aber wenn auch Sie von einem Kaiserschmarren erwarten, dass er fluffig ist, leicht karamellisiert, süß und samtig, dick mit Staubzucker bestreut und mit einer Schale wundervollem Zwetschkenröster, dann kann im Folgenden fast nichts schiefgehen.

Zutaten für 4 Personen als Dessert

120 g Kuchenmehl (Type 405) 100
1 EL Vanillezucker
250 ml Milch 200
etwas abgeriebene Schale von
1 Bio-Zitrone
5 Eier 4
1 Prise Salz
2 EL Zucker

Zum Backen

2 EL Butter
1–2 EL Zucker

Wenn Sie mögen

1 Handvoll Rosinen (in Rum oder Wasser eingeweicht)

Zum Servieren

Staubzucker

Den Backofen auf 200 °C Ober-Unterhitze vorheizen.

Mehl mit Vanillezucker vermengen und mit der Milch sowie dem Zitronenabrieb zu einer glatten Masse rühren. Eier trennen und die Eigelbe nach und nach in die Milch-Mehl-Masse rühren. Eiweiß mit Salz leicht schlagen, Zucker langsam einrieseln lassen und steifschlagen. In zwei bis drei Etappen vorsichtig unter die Mehlmasse heben.

In einer breiten ofenfesten Pfanne die Butter zerlassen. Die Masse eingießen und goldbraun anbacken. Wenn Sie Rosinen im Kaiserschmarren mögen, streuen Sie diese jetzt locker darüber. Anschließend im Backofen ca. 8–10 Minuten goldbraun backen.

Den goldbraun gebackenen Schmarren aus dem Ofen nehmen und mit einer Gabel locker zerteilen. Mit Zucker dünn bestreuen und auf dem Herd leicht karamellisieren. Dick mit Staubzucker bestreuen und mit dem Zwetschkenröster servieren.

Tipp: *Um für viele Personen Kaiserschmarren zuzubereiten, brauchen Sie einfach eine richtig große Pfanne, die noch dazu in Ihren Backofen passt!*

Holunderkoch

Wenn nicht die ganze Welt Holunderblüten zu Sirup verarbeiten würde – ja, zugegeben, auch nicht schlecht –, würden wir uns wieder mehr den großartigen, fast vergessenen Beeren widmen!

Zutaten für ca. 3 Gläser à 500 ml
1 kg Holunderbeeren
500 g Äpfel
400 g Kristallzucker
Saft von 1 Zitrone
1 Zimtstange
1/2 Vanilleschote

Die Äpfel schälen, das Kerngehäuse entfernen und das Fruchtfleisch in kleine Würfelchen schneiden. Mit dem Zucker, dem Zitronensaft sowie Zimtstange und aufgeschlitzter Vanilleschote erhitzen und ca. 10 Minuten leise köcheln lassen. Anschließend die Holunderbeeren einrühren, wieder erhitzen und weitere 10 Minuten köcheln lassen. Vanille und Zimtstange entfernen, den Holunderkoch noch heiß in saubere Gläser füllen, gut verschließen und für einige Minuten auf den Kopf stellen.

Kühl und dunkel lagern. Nach dem Öffnen im Kühlschrank aufbewahren und während 3–4 Tagen genießen.

Der Holunderkoch passt nicht nur zu Joghurt und anderen Cremes, auch zu Eis, zu verschiedenen Kuchen und Süßspeisen und außerdem zu Wildgerichten in deren Saucen oder als Beilage wie Preiselbeeren.

Eisgekühltes Holundersüppchen

MIT JOGHURTNOCKERLN

Ein himmlisches Dessert an einem lauen Spätsommerabend im Garten!

Zutaten für 4–6 Personen
1 Glas Holunderkoch
Apfelsaft und/oder Mineralwasser nach Bedarf

Für die Joghurtnockerln
250 ml Sahne
1 EL Vanillezucker
2 EL Kristallzucker
400 g Naturjoghurt

Zum Servieren
frische Minze

Den Holunderkoch mit dem Apfelsaft und/oder dem Mineralwasser vermengen, bis die Konsistenz leicht an eine Suppe erinnert, das Ganze aber nicht zu flüssig ist. Anschließend zugedeckt gut kühlen.

Für die Joghurtnockerln ein Küchensieb mit einem Passiertuch auskleiden und über eine große Schüssel setzen. Die Sahne mit Vanillezucker und Kristallzucker steifschlagen, Joghurt unterheben und die Masse in das mit dem Passiertuch ausgekleidete Sieb füllen. Mit Frischhaltefolie zudecken und für mehrere Stunden oder über Nacht kühlen. Dabei verliert die Masse an Flüssigkeit und wir ersparen uns die Gelatine.

Ca. 30 Minuten vor dem Servieren das Holundersüppchen im Tiefkühler gut durchkühlen, dabei 1–2 Mal rühren. Anschließend auf ebenfalls gekühlte Teller verteilen. Joghurt-Sahne aus dem Kühlschrank nehmen und mit in heißes Wasser getauchten Löffeln Nocken aus der Joghurtcreme ausstechen. Diese auf dem Süppchen anrichten. Mit frischer Minze garnieren und servieren.

Tipp: *Die Joghurtnockerln passen hervorragend zum Rhabarbermus, aber auch zum Marillen- oder Zwetschkenröster!*

Gewürzbirnen

Zutaten für 2 Weck-Gläser à 1 l

18–20 sehr kleine Birnen (oder siehe Tipp)
Saft von 2 Bio-Zitronen
1 l Wasser
400 g Zucker
1 Vanilleschote
2 Zimtstangen
3 Sternanis
6 Nelken

Von den Birnen das Kerngehäuse auf der Unterseite mit einem Parisienne-Ausstecher (Kugelausstecher) entfernen, anschließend die Birnen schälen und sofort mit Zitronensaft beträufeln. Währenddessen Wasser mit Zucker, aufgeschlitzter Vanilleschote, Zimtstangen, Sternanis und den Nelken aufkochen, Birnen samt Zitronensaft dazugeben, erhitzen und ca. 5 Minuten leise köcheln lassen. Anschließend die Birnen mit den Gewürzen in saubere Gläser schichten und mit der kochenden Flüssigkeit übergießen. Die Gläser sofort verschließen und auskühlen lassen.

Kühl und dunkel gelagert halten sich die Birnen mehrere Monate. Nach dem Öffnen im Kühlschrank lagern und innerhalb weniger Tage genießen.

Tipp: *Sollten Sie keine kleinen Birnen bekommen, können Sie einfach auf größere zurückgreifen und diese der Länge nach halbieren oder in Spalten schneiden.*

Die Gewürzbirnen passen natürlich wundervoll zu allen Wildgerichten, aber auch zum Schweinebraten, zu Pasteten und vielem mehr! Selbstverständlich verzaubern sie auch die süße Küche, zum Beispiel in Form einer Birne Helene, zu einer feinen Joghurtcreme, zu Mousse au chocolat …

Rehrücken

MIT KRÄUTER-NUSS-KRUSTE, SÜSSKARTOFFELPÜREE, PREISELBEERJUS UND WILDSPARGEL

Zutaten für 6–8 Personen
1,2 kg ausgelöste Rückenfilets vom Reh
etwas Öl oder/und Butterschmalz
Salz
Pfeffer aus der Mühle
2 Zweige Rosmarin

Für die Kruste
1/2 Bund Petersilie
je 2–3 Zweige Rosmarin und Thymian
2 Salbeiblätter
1–2 Handvoll geriebene Nüsse
2 entrindete trockene Toastbrotscheiben
(ersatzweise ca. 3 EL Semmelbrösel)
1 Knoblauchzehe
2–3 EL weiche Butter
Salz und Pfeffer

Für den Preiselbeerjus
200 ml Rotwein
200 ml Portwein (oder insgesamt
400 ml Rotwein)
400 ml Wildfond
40 ml Balsamicoessig
4 EL Preiselbeeren
1 Lorbeerblatt
3 Wacholderbeeren
2 Nelken
4 Pimentkörner
1 kleines Stück Zimtstange
1 kleine Knoblauchzehe
1 Zweig Rosmarin
Saft von 1 Orange
Salz und Pfeffer
Zucker
ca. 80–100 g kalte Butterstückchen

sowie
pro Person 1 Gewürzbirne

Für den Jus sämtliche Zutaten bis auf die Butterstückchen erhitzen und langsam köchelnd auf ca. ein Drittel reduzieren. Durch ein feines Sieb gießen, mit Salz und Pfeffer sowie wenn nötig etwas Zucker abschmecken. Vor dem Servieren – wenn nötig – mit kalten Butterstücken montieren – danach nicht mehr kochen!

Für die Kräuterkruste die Kräuter hacken und mit sämtlichen Zutaten gut vermengen. In einen großen Tiefkühlbeutel füllen und mit dem Nudelholz dünn ausrollen. Anschließend kühlen.

Die Rehrückenfilets mindestens 1 Stunde vor der Zubereitung aus dem Kühlschrank nehmen. Den Backofen auf 80 °C Ober- und Unterhitze vorheizen und eine geeignete Platte ins Rohr stellen.

Das Öl oder Butterschmalz in einer Pfanne erhitzen, die Rückenstücke mit Salz und Pfeffer würzen und rundherum mit den Rosmarinzweigen ca. 4–6 Minuten braten, dabei immer wieder mit dem Bratfett übergießen. Auf die vorgewärmte Platte im Backofen geben und für ca. 30 Minuten sanft garen. Anschließend aus dem Backofen nehmen, den Grill zuschalten und die Kräuterkruste auf den Rehrücken verteilen. Diese unter dem Grill auf der obersten Schiene goldbraun gratinieren.

Die Rehrücken aus dem Backofen nehmen, in Tranchen schneiden und mit dem Jus, dem Süßkartoffelpüree, dem Wildspargel (siehe Rezepte) sowie jeweils einer Gewürzbirne auf vorgewärmten Tellern (!) servieren.

SÜSSKARTOFFELPÜREE

ca. 1 kg Süßkartoffeln
Salz
2–3 EL Butter
etwas Ahornsirup
1 Hauch Zimt
etwas Muskatnuss

Die Süßkartoffeln schälen und in Würfel schneiden. In reichlich Salzwasser zum Kochen bringen und weichkochen. Anschließend abgießen, etwas ausdämpfen lassen und mit der weichen Butter mit dem Mixstab pürieren. Mit Ahornsirup und den Gewürzen verfeinern, mit Salz abschmecken und servieren.

WILDSPARGEL

3–4 Handvoll Wildspargel
etwas Butter
Salz und Zucker

Den Wildspargel unter fließendem Wasser abspülen und auf Küchenkrepp trocknen. In einer Pfanne mit Butter für ca. 1 Minute sautieren, dabei mit etwas Salz und Zucker würzen.

Eingemachte Pfirsichspalten

MIT ROSMARIN

Zutaten für ca. 4 Gläser à 500 ml
ca. 15 reife Pfirsiche

Für den Sud
ca. 1 l Wasser
400 g Zucker
Saft von 2 Bio-Zitronen
1 Vanilleschote
4–6 Zweige Rosmarin

Die Haut der Pfirsiche leicht einritzen und mit kochendem Wasser übergießen. Anschließend mit kaltem Wasser übergießen und die Haut abziehen. Die Pfirsiche halbieren, Kerne entfernen und die Pfirsichhälften in Spalten schneiden.

Währenddessen Wasser mit Zucker, Zitronensaft, aufgeschlitzter Vanilleschote und den Rosmarinzweigen aufkochen, Pfirsichspalten dazugeben, erhitzen und ca. 3 Minuten leise köcheln lassen. Anschließend die Pfirsichspalten in saubere Gläser schichten und mit der kochenden Flüssigkeit übergießen. Die Gläser sofort verschließen und auskühlen lassen.

Kühl und dunkel gelagert halten sich die Pfirsiche mehrere Monate. Nach dem Öffnen im Kühlschrank lagern und innerhalb weniger Tage genießen.

Die Pfirsiche passen wundervoll zu Joghurt und sonstigen Cremes, zu Mousse au chocolat, zu Kuchen, Torten, zu Eis ...

Coupe Melba

Ein Klassiker aus meinen Kindheitstagen, der auf keiner Eiskarte fehlen durfte.

Zutaten für 6–8 Personen
1 Glas eingemachte Pfirsiche

Für die Himbeersauce
250 g frische Himbeeren
1 EL Vanillezucker
1 Spritzer Zitronensaft

Zum Servieren
feinstes Vanilleeis nach Bedarf
frische Schlagsahne nach Bedarf

Für die Himbeersauce die Himbeeren mit Vanillezucker und Zitronensaft kurz aufkochen, pürieren und durch ein feines Sieb streichen. Zugedeckt kühlen.

Die Pfirsiche abwechselnd mit Vanilleeis und Himbeersauce in Gläser schichten, etwas Schlagsahne darübergeben. Mit Himbeersauce beträufeln und servieren

Amarenakirschen

Zutaten für ca. 4 Gläser à 250 ml
1 kg reife Kirschen
600 g Zucker
Saft von 1 Zitrone
150 ml Mandellikör (siehe Rezept auf Seite 259) oder Amaretto

Die Kirschen entsteinen und mit dem Zucker sowie dem Zitronensaft gut vermengen. Zugedeckt einige Stunden ziehen lassen. Danach erhitzen und für 5 Minuten kochen lassen. Die Kirschen mit einer Schaumkelle aus dem Sud heben und bereitstellen. Die Flüssigkeit während ca. 10–15 Minuten leicht sirupartig einkochen lassen. Mandellikör bzw. Amaretto dazugeben und erhitzen. Die Kirschen einrühren, wieder erhitzen und heiß in saubere Gläser füllen. Gut verschließen und für einige Minuten auf den Kopf stellen.

Kühl und dunkel lagern. Nach dem Öffnen im Kühlschrank aufbewahren und während 2–3 Wochen genießen.

Die Amarenakirschen passen wundervoll zu verschiedenen Cremes, zu Schokoladenmousse und -kuchen, zu Eiscremes und vielem mehr!

Tipp: *Wem der Mandelgeschmack nur mit dem Likör zu mild ist, der kann noch etwas Mandelaroma dazugeben.*

Amarenakirschen-Eiscreme

Zutaten für ca. 6–8 Portionen
125 ml Milch
125 ml Sahne
1 Vanilleschote
4 Eigelbe
100 g Zucker
250 g Mascarpone

sowie
ca. 1 Glas Amarenakirschen
Hohlhippen nach Bedarf

Milch und Sahne mit der aufgeschlitzten Vanilleschote aufkochen und etwas ziehen lassen. Eigelb mit dem Zucker schaumig rühren. Die noch heiße Milchmischung dazugeben, durchrühren, zurück in den Topf gießen und auf kleinem Feuer unter ständigem Rühren zur Rose kochen, d. h. bis eine leicht cremige Konsistenz entstanden ist – auf keinen Fall darf die Masse aber kochen, da sonst das Ei gerinnt. Anschließend durch ein Sieb gießen, Mascarpone einrühren und gut kühlen.

In der Eismaschine gefrieren. Die Hälfte der Kirschen mit etwas Sirup vorsichtig unterheben und das Eis in einem geeigneten Behälter gut verschlossen tiefkühlen.

Ca. 20 Minuten vor dem Servieren in den Kühlschrank stellen. Anschließend auf kleine Schälchen verteilen, restliche Kirschen dazusetzen und – nicht ohne Hohlhippe – servieren.

Eingemachte Früchte

Stachelbeeren

Zutaten für 2 Gläser à ca. 500 ml

1 kg frische Stachelbeeren
300 ml Roséwein
300 g Zucker

Die Stachelbeeren gründlich waschen, Stiel und Blütenansatz entfernen und die Beeren auf Küchenkrepp trocknen. Roséwein und Zucker aufkochen, die Stachelbeeren dazugeben und zum Kochen bringen. Für 1–2 Minuten kochen, dabei ständig beobachten und sofort vom Feuer nehmen, wenn die ersten Beeren aufplatzen. Noch heiß in saubere Gläser füllen, gut andrücken und mit dem Sud bedecken. Für einige Minuten flach hinlegen.

Kühl und dunkel gelagert sind die Stachelbeeren mehrere Monate haltbar. Geöffnet im Kühlschrank aufbewahren und während 3–4 Tagen genießen.

Das Stachelbeerkompott ist himmlisch und passt zu vielen Süßspeisen, z. B. zum Kaiserschmarren, geschichtet mit Creme als feines Dessert, im Joghurt, Müsli und vielem mehr. Füllen Sie zum Beispiel Ihre Biskuittorte statt mit Erdbeeren einfach einmal mit Stachelbeeren und Schlagsahne.

Cranberrys

Zutaten für ca. 4 Gläser à 250 ml

600 g Cranberrys
400 ml frisch gepresster Orangensaft
180 g Zucker
1 EL Vanillezucker
2 TL Speisestärke
60 ml Grenadinesirup

Für die Cranberrys 300 ml Orangensaft in einem Topf mit dem Zucker sowie dem Vanillezucker erhitzen. Restlichen Saft mit der Speisestärke anrühren und in den kochenden Orangensaft einrühren. Cranberrys und Grenadinesirup dazugeben, aufkochen lassen und ca. 3 Minuten kräftig kochen, dabei sollte der Großteil der Beeren leicht aufplatzen. Noch siedend heiß in saubere Gläser füllen, Schraubverschluss aufdrehen und für einige Minuten auf den Kopf stellen.

Kühl und dunkel lagern. Nach dem Öffnen im Kühlschrank aufbewahren und rasch genießen.

Die Cranberrys schmecken wundervoll zu vielen Nachspeisen, zum Joghurt und anderen Cremes, zum Pudding, zu verschiedenen Kuchen, Eiscremes, zu Schokoladenkuchen, aber auch zu Wildgerichten, Terrinen und vielem mehr.

Besoffene Marillen

Zutaten für 2 Gläser à 500 ml

500 g reife Marillen
200 ml Wasser
300 g Zucker
1 Vanilleschote
400 ml Marillenschnaps oder Obstler

Die Marillen halbieren und die Kerne entfernen. Wasser mit Zucker sowie der aufgeschlitzten Vanilleschote erhitzen und köcheln lassen, bis sich der Zucker aufgelöst hat. Marillen dazugeben, kurz aufkochen und in saubere Gläser schichten, mit der kochenden Flüssigkeit sowie dem Schnaps bedecken und gut verschließen. An einem kühlen Ort mehrere Wochen ziehen lassen.

Die Marillen sind kühl und dunkel gelagert mehrere Monate haltbar. Geöffnet im Kühlschrank aufbewahren und rasch genießen.

Zum Servieren jeweils eine Marille mit etwas Flüssigkeit in ein Schnapsglas füllen und mit Marillenschnaps aufgießen. Das ist die Après-Ski-Variante und schmeckt richtig lecker. Ansonsten passen die Marillen auch zu verschiedenen Desserts, zu Eiscreme, Kuchen und vielem mehr!

MAKING OF …

*»Essen ist
ein Bedürfnis, Genießen ist
eine Kunst.«*

FRANÇOIS DE LA ROCHEFOUCAULD

Entzückende Sirups & Liköre

Ich bin immer wieder beeindruckt, welch wundervolle Vielfalt uns die Natur bietet und wie einfach es ist, diese Vielfalt einzumachen. Die verschiedenen Sirups, ob als erfrischendes Getränk mit Himbeeren, Holunder, Kräutern und mehr genossen oder zu himmlischen Nachspeisen etwa mit Vanille-, Zimt- oder Karamellsirup verarbeitet, sind eine wahre Bereicherung in unserer Küche.

Die Liköre, ob cremig wie Baileys und Eierlikör oder klar wie der Himbeer-Gin, süßlich wie der Mandellikör, fruchtig wie der Apfelstrudel-Likör oder würzig-herb wie der irische Usquebaugh Cordial, haben ein Revival wahrlich verdient.

Die Rezeptideen mit den Sirups und den Likören habe ich sorgfältig ausgesucht und so finden Sie wundervolle kleine Kuchen mit Gelinggarantie (denn eines können Sie mir glauben, wenn mir ein Kuchen gelingt, dann kann den wirklich jeder backen), kleine Desserts mit und ohne Schuss und einige leckere Drinks, die hoffentlich nicht nur mich entzücken.

Und – das kann ich Ihnen versprechen – weder auf meiner noch auf Ihrer Sommerparty dürfen die himmlisch fruchtigen Limes auf gar keinen Fall mehr fehlen!

Erfrischende Sirups

Himbeer-Zitronen-Sirup

... für viele eine kleine Kindheitserinnerung!

Zutaten für ca. 2 Flaschen à 500 ml
500 g frische Himbeeren (ersatzweise tiefgekühlte)
Saft von 4 Zitronen
500 g Zucker
500 ml Wasser

Alle Zutaten zusammen erhitzen und 4 Minuten köcheln lassen. Anschließend durch ein feines Tuch filtrieren, noch heiß in saubere Flaschen füllen und gut verschließen. Die Flaschen für einige Minuten flach hinlegen.

Der Himbeer-Zitronen-Sirup schmeckt nicht nur mit stillem oder prickelndem Wasser sehr gut, ein Spritzer davon in einem Glas eisgekühltem Schaumwein, vielleicht mit ein paar frischen Himbeeren, ist ein wundervoller Aperitif. Mutige probieren im Sommer mal eine „Berliner Weiße mit Schuss", das ist ein Bier in ein bauchiges Glas eingeschenkt mit einem Schuss Himbeersirup.

Fliedersirup

Zutaten für ca. 2 Flaschen à 500 ml
6–7 Fliederblütendolden
1 Bio-Zitrone
700 g Zucker
700 ml Wasser
1 EL Zitronensäure

Die Fliederblütendolden gegebenenfalls von Ungeziefer befreien, aber nicht waschen. Zusammen mit der in Scheiben geschnittenen Zitrone in eine große Schale geben.

Zucker und Wasser aufkochen und ca. 2 Minuten köcheln lassen. Vom Herd nehmen und die Zitronensäure einrühren. Etwas auskühlen lassen, anschließend über den Flieder gießen, gut mit Folie bedecken und für 3–4 Tage im Kühlschrank ziehen lassen.

Durch ein feines Tuch filtrieren, noch einmal kurz aufkochen und in saubere Flaschen füllen. Diese für einige Minuten flach hinlegen.

Der Fliedersirup schmeckt sehr gut mit kaltem Sodawasser als Limonade, aber auch mit etwas Schaumwein aufgegossen als Aperitif einfach großartig. Süßen Sie außerdem Ihren Tee, Joghurt, Pudding und vieles mehr damit.

Die Sirups kühl und dunkel lagern. Nach dem Öffnen im Kühlschrank aufbewahren und während weniger Wochen genießen.

Pfefferminzsirup

Zutaten für ca. 3 Flaschen à 500 ml
1 kg Kristallzucker
1 l Wasser
3 Handvoll frische Pfefferminze
1 EL Zitronensäure

Wasser und Zucker erhitzen, bis sich der Zucker aufgelöst hat. Minze und Zitronensäure dazugeben, durchrühren und zugedeckt über Nacht ziehen lassen. Durch ein feines Sieb oder Tuch passieren. Zurück im Topf noch einmal aufkochen lassen. Noch heiß in saubere Flaschen füllen und diese für einige Minuten flach hinlegen.

Der Pfefferminzsirup schmeckt nur mit etwas Wasser verdünnt schon richtig lecker, aber mit etwas Eis, einer Zitronenspalte und mit Soda- oder Mineralwasser aufgefüllt einfach wundervoll.

Apfel-Zimt-Sirup

Sie lieben Äpfel und Zimt? Ich auch!

Zutaten für ca. 2 Flaschen à 500 ml
7 Äpfel
1 l Wasser
Saft von 2 Zitronen
3–4 Zimtstangen
600 g Feinkristallzucker

Die Äpfel mit Schale und Kerngehäuse achteln. Mit Wasser, Zitronensaft, den Zimtstangen sowie 200 g Zucker erhitzen und ca. 30 Minuten leise köcheln lassen. Anschließend durch ein feines Tuch in einen Topf filtern. Den restlichen Zucker dazugeben, noch einmal erhitzen und für 3–4 Minuten kochen lassen. Noch heiß in saubere Flaschen füllen, gut verschließen und für einige Minuten flach hinlegen.

Genießen Sie den Apfel-Zimt-Sirup als Erfrischungsgetränk oder süßen Sie damit Ihren Tee, Ihr Müsli, Ihren Joghurt …

Holundersirup

Meine Oma machte immer leckeren Holundersirup, und wenn wir als Kinder Fieber hatten, wurde er uns heiß serviert. Ein altbewährtes Hausmittel, das Ihnen auch ohne Fieber schmecken wird.

Zutaten für ca. 2 Flaschen à 500 ml
500 g frische Holunderbeeren
500 g Zucker
500 ml Wasser
1 EL Zitronensäure

Holunderbeeren mit dem Zucker vermengen und für mehrere Stunden ziehen lassen. Anschließend mit den restlichen Zutaten erhitzen und 4–6 Minuten köcheln lassen. Durch ein feines Tuch filtrieren, noch heiß in saubere Flaschen füllen und gut verschließen. Die Flaschen für einige Minuten flach hinlegen.

Der Holundersirup schmeckt nicht nur verdünnt als Erfrischungsgetränk wundervoll, süßen Sie damit Ihren Tee, Ihren Joghurt, Müsli, Cremes …

Orangensirup

MIT VANILLE UND STERNANIS

Zutaten für ca. 2 Flaschen à 250 ml
400 ml frisch gepresster Orangensaft (oder Blutorangensaft)
1 Vanilleschote
400 g Zucker
2–3 Sternanis

Die Vanilleschote der Länge nach aufschneiden. Den Orangensaft durch ein feines Sieb gießen und mit allen Zutaten erhitzen. Ungefähr 2 Minuten köcheln lassen, vom Herd nehmen und mindestens 1 Stunde ziehen lassen. Wieder erhitzen und noch einmal 2 Minuten köcheln lassen. Noch heiß in saubere Flaschen füllen, gut verschließen und für einige Minuten flach hinlegen.

Kühl und dunkel lagern. Nach dem Öffnen im Kühlschrank aufbewahren und während 1–2 Wochen genießen.

Der Orangensirup passt wundervoll zu vielen Desserts mit oder ohne Orangen. Süßen Sie damit ihren Tee oder Ihr Müsli, Joghurt, Cremes, Puddings und vieles mehr.

Kleiner Orangenkuchen

Zutaten für 1 kleine Tortenform (18–20 cm)
4 Eigelbe
40 g Zucker
abgeriebene Schale von 1 Bio-Orange
65 ml mildes Olivenöl
4 Eiweiß
1 Prise Salz
40 g Zucker
100 g Mehl
1 TL Backpulver

sowie
Butter für die Form
ca. 100 ml Orangensirup mit Vanille und Sternanis zum Beträufeln
Staubzucker zum Bestreuen

Zum Servieren
300 g griechischer Joghurt
etwas Zucker oder Honig
frische Orangenfilets

Den Boden der Tortenform mit Backpapier auslegen, den Rand buttern. Den Backofen auf 175 °C Ober-Unterhitze vorheizen.

Eigelbe mit Zucker und Orangenabrieb mehrere Minuten cremig schlagen, anschließend langsam das Öl einfließen lassen und weiterrühren. Eiweiß mit Salz steifschlagen, dabei langsam den Zucker einrieseln lassen.

Mehl mit Backpulver sieben und unter die Eigelbmasse heben. Eischnee vorsichtig unterheben, in die Form füllen und im Backofen ca. 25 Minuten backen. Anschließend den Backofen ausschalten, Ofentür anlehnen und den Kuchen noch 15 Minuten ruhen lassen.

Herausnehmen, leicht vom Rand lösen, mit einem Zahnstocher mehrmals einstechen und mit dem Sirup beträufeln. Völlig auskühlen lassen, dann aus der Form lösen, auf eine Tortenplatte heben und mit Staubzucker bestreut servieren.

Dazu passt wundervoll ein leicht gesüßter griechischer Joghurt mit frischen Orangenfilets.

Vanille-Karamell-Zimt-Sirups

Ich liebe diese Sirups und kann beim besten Willen nicht sagen, welchen ich am liebsten mag. Mal ist mir nach Karamell, mal kann ich der Vanille einfach nicht widerstehen und manchmal brauche ich einfach den wohlig wärmenden Zimtgeschmack.

Wie auch immer – alle Sirups sind wirklich köstlich und verfeinern viele Ihrer Süßspeisen. Einfach über eine Kugel Eiscreme, in Joghurt, Topfencreme, zum Süßen von Tees, Kaffees, Frappés ...

Vanillesirup

Zutaten für ca. 3 Flaschen à 200 ml
700 g Feinkristallzucker
700 ml Wasser
3 Vanilleschoten
1 EL Vanilleextrakt

Zucker, Wasser, aufgeschlitzte Vanilleschoten und den Vanilleextrakt erhitzen und für ca. 10 Minuten köcheln lassen. Anschließend zugedeckt mindestens 1 Stunde ziehen lassen. Noch einmal erhitzen und für weitere 10 Minuten köcheln lassen.

Durch ein feines Sieb gießen, noch heiß in Flaschen füllen, dabei in jede Flasche 1 Vanilleschote geben, gut verschließen und für einige Minuten flach hinlegen.

Kühl und dunkel gelagert ist der Sirup mindestens 6 Monate haltbar. Geöffnet im Kühlschrank aufbewahren.

Karamellsirup

Zutaten für ca. 3 Flaschen à 200 ml
700 g Feinkristallzucker
700 ml Wasser

Den Zucker in einem breiten Topf langsam goldbraun karamellisieren. Das geht am einfachsten, wenn Sie den Zucker nach und nach in den Topf geben, also immer etwas Zucker erst hell karamellisieren, eine weitere Portion Zucker einrühren, bis sämtlicher Zucker goldbraun karamellisiert ist. Jetzt das Wasser langsam eingießen – ACHTUNG – es spitzt und blubbert und dampft! Den Sirup noch ca. 15–20 Minuten köcheln lassen, bis sich der ganze Karamell gut aufgelöst hat.

Noch heiß in Flaschen füllen, gut verschließen und für einige Minuten flach hinlegen.

Kühl und dunkel gelagert ist der Sirup mindestens 6 Monate haltbar. Geöffnet im Kühlschrank aufbewahren.

Zimtsirup

Zutaten für ca. 3 Flaschen à 200 ml
350 g Feinkristallzucker
350 g brauner Zucker
700 ml Wasser
3–4 Zimtstangen

Beide Zuckersorten mit Wasser und Zimtstangen erhitzen und für ca. 10 Minuten köcheln lassen. Anschließend zugedeckt mindestens 1 Stunde ziehen lassen. Noch einmal erhitzen und für weitere 10 Minuten köcheln lassen.

Durch ein feines Sieb gießen, noch heiß in Flaschen füllen, dabei in jede Flasche 1 Zimtstange geben, gut verschließen und für einige Minuten flach hinlegen.

Kühl und dunkel gelagert ist der Sirup mindestens 6 Monate haltbar. Geöffnet im Kühlschrank aufbewahren.

Nüsse in Sirup

Zutaten für ca. 3 Gläser à 300 ml
500 g gemischte Nüsse (Haselnüsse, Walnüsse, Mandeln, Pistazien …)
ca. 500 ml Karamell-, Vanille- oder Zimtsirup oder eine Mischung aus allen (siehe Tipp)

Die Nüsse in einer Pfanne ohne Fett rösten, bis sie duften. In saubere Gläser füllen und mit heißem Sirup aufgießen. Gläser fest verschließen und kurz auf den Kopf stellen.

Kühl und dunkel gelagert sind die Nüsse mindestens 6 Monate haltbar. Geöffnet im Kühlschrank aufbewahren und rasch genießen.

Tipp: Meistens bereite ich alle drei Sirups gleichzeitig zu, fülle jeweils 2 Flaschen ab und mische den restlichen Sirup für diese Nüsse – herrlich!

Daraus zaubern Sie im Handumdrehen eine der besten und darüber hinaus schnellsten Nachspeisen überhaupt:

Joghurt mit Nüssen in Sirup

Zutaten für 4–6 Personen
500 g griechischer Sahnejoghurt
ca. 10 EL Nüsse in Sirup

Den Joghurt auf schöne Gläser verteilen, jeweils 2–3 EL Nüsse mit Sirup daraufhäufen und servieren.

Kaffee-Schoko-Sirup

Ein köstlicher Sirup, aus dem Sie im Handumdrehen den himmlischen Baileys (siehe Rezept auf Seite 264) zaubern.

Zutaten für 2 Flaschen à 200 ml
ca. 200 ml starker Espresso (entspricht ca. 6–8 Espressi)
200 g Zucker
1 EL Vanillezucker
2 EL Kakaopulver
1 Prise Salz

Alle Zutaten gut verrühren, erhitzen und für 2–3 Minuten kochen. In ausgespülte Drehverschluss-Flaschen füllen, gut verschließen und für einige Minuten flach hinlegen. Vakuumiert hält sich der Sirup mehrere Monate, geöffnet im Kühlschrank aufbewahrt ca. 2 Wochen.

Der Kaffee-Schoko-Sirup schmeckt wundervoll zu Eiscreme, Kuchen, Pudding, als Dekoration für Ihren Cappuccino, und nicht zu vergessen, Sie benötigen diesen für Ihren hausgemachten Baileys auf Seite 264!

Der beste Schokoladenkuchen

DER WELT MIT VANILLEEIS, SCHLAGSAHNE, HIMBEEREN UND KAFFEE-SCHOKO-SIRUP

Zutaten für 2 kleine Tortenformen (18–20 cm)
250 g dunkle Schokolade (ich verwende übrigens normale Kochschokolade)
250 g Butter
125 g Kristallzucker
8 Eigelbe
Mark von 1/2 Vanilleschote
1 Schuss Whiskey oder Rum
200 g geriebene Mandeln
8 Eiweiß
1 Prise Salz
125 g Kristallzucker

sowie
Butter für die Form

Zum Servieren
Staubzucker zum Bestreuen
feinstes Vanilleeis
etwas Schlagsahne
frische Himbeeren
1 Fläschchen Kaffee-Schoko-Sirup

Den Backofen auf 170 °C Ober-Unterhitze vorheizen. Die Böden der Tortenformen mit Backpapier belegen, den Rand buttern.

Die Schokolade fein hacken und im Wasserbad langsam schmelzen. Butter und Zucker sehr lange schaumig schlagen, nach und nach die Eigelbe sowie das Vanillemark zugeben. Anschließend die Schokolade sowie den Whiskey unterrühren und die Mandeln unterheben.

Eiweiß mit Salz und dem Kristallzucker steifschlagen und in 2–3 Etappen vorsichtig unterheben. Den Teig in die Formen füllen, glattstreichen und im Backofen für ca. 30–40 Minuten backen. Testen Sie, ob der Kuchen fertig ist, indem Sie leicht in die Mitte drücken. Wenn er noch zu sehr nachgibt, backen Sie ihn noch etwas länger, aber keine Sorge, es wird ohnehin ein sehr feuchter Kuchen – da kann also praktisch nichts schiefgehen.

Die Kuchen aus dem Ofen nehmen und in der Form etwas auskühlen lassen. Anschließend aus der Form lösen, auf eine Platte heben und bis zum Servieren zugedeckt an einem kühlen Ort lagern. Den Kuchen können Sie ruhig 2–3 Tage vorher backen.

Zum Servieren mit Staubzucker bestreuen, in Stücke teilen und mit Eiscreme, Schlagsahne, frischen Himbeeren und dem Sirup servieren.

Ein kleines Dessert, das alles vereint, was ein Dessert braucht. Schokolade, Eis, Schlagsahne, Früchte – getoppt mit einem himmlischen Sirup – ein Wahnsinn! Übrigens probiere ich immer wieder neue Schokoladenkuchenrezepte – zum Verdruss meiner Männer! Die wollen nämlich ausschließlich diesen – wirklich besten – Schokoladenkuchen!

Chai-Sirup

Zutaten für ca. 2 Flaschen à 250 ml
800 ml Wasser
ca. 300 g brauner Zucker
4 TL schwarzer Tee oder 4 Beutel Schwarztee
10 Kardamomkapseln
3 Zimtstangen
3 Sternanis
1 Vanilleschote
10 Nelken
3 dünne Scheiben Ingwer
4 schwarze Pfefferkörner
3 Pimentkörner
1 Espressolöffel geriebene Muskatnuss

Wasser und Zucker erhitzen. Den Tee in einen Teefilter füllen, Kardamomkapseln zerdrücken. Den Teefilter sowie sämtliche Gewürze in den kochenden Sirup geben und ca. 8 Minuten leise köcheln lassen. Anschließend den Teefilter entfernen und weitere 10–12 Minuten köcheln lassen. Durch ein feines Tuch passieren, noch heiß in ausgespülte Flaschen füllen, gut verschließen und für einige Minuten auf den Kopf stellen oder flach hinlegen.

Gut verschlossen kühl und dunkel lagern. Nach dem Öffnen im Kühlschrank aufbewahren und rasch genießen.

Mit dem Chai-Sirup zaubern Sie nicht nur indischen Chai Latte, er schmeckt auch zu verschiedenen Desserts wie Joghurt, Mascarpone, oder Sie süßen damit Ihren Tee.

Chai Latte

Zutaten für 1 Person
120 ml Milch
ca. 50 ml Chai-Sirup
1 EL Schlagsahne
Zimt zum Bestreuen

Milch und Sirup erhitzen, in eine Tasse oder ein hitzebeständiges Glas füllen, Schlagsahne daraufhäufen und mit Zimt bestreut servieren.

Erdbeerlimes

Zutaten für knapp 2 l
750 g Erdbeeren
300 g Zucker
250 ml Wasser
400 ml Zitronensaft
250 ml Wodka

Erdbeeren von den Stielen befreien und fein pürieren. Zucker und Wasser zusammen aufkochen und ca. 3 Minuten köcheln lassen, bis sich der Zucker vollständig aufgelöst hat. Zitronensaft einrühren, noch einmal erhitzen, vom Herd nehmen, Erdbeeren unterrühren und zuletzt den Wodka dazugeben. In heiß ausgespülte Flaschen füllen und gut verschlossen kühl stellen. Vor Gebrauch gut schütteln.

Weißer-Pfirsich-Limes

Zutaten für knapp 2 l
ca. 900 g weiße Pfirsiche
300 g Zucker
250 ml Wasser
400 ml Zitronensaft
250 ml Wodka

Pfirsiche halbieren, entkernen und fein pürieren. Anschließend durch ein feines Sieb passieren und bereitstellen. Zucker und Wasser zusammen aufkochen und ca. 3 Minuten köcheln lassen, bis sich der Zucker vollständig aufgelöst hat. Zitronensaft einrühren, noch einmal erhitzen, vom Herd nehmen, Pfirsichpüree unterrühren und zuletzt den Wodka dazugeben. In heiß ausgespülte Flaschen füllen und gut verschlossen kühl stellen. Vor Gebrauch gut schütteln.

Mango-Passionsfrucht-Limes

Zutaten für knapp 2 l
2–3 frische reife Mangos
4–5 Passionsfrüchte
300 g Zucker
250 ml Wasser
300 ml Zitronensaft
250 ml Wodka

Mangos schälen, das Fruchtfleisch gründlich vom Kern schneiden und fein pürieren. Passionsfrüchte halbieren, das Mark mit den Kernen herauslösen und durch ein feines Sieb streichen. Mit dem Mangopüree vermengen und bereitstellen. Zucker und Wasser zusammen aufkochen und ca. 3 Minuten köcheln lassen, bis sich der Zucker vollständig aufgelöst hat. Zitronensaft einrühren, noch einmal erhitzen, vom Herd nehmen, Mango-Passionsfrucht-Püree unterrühren und zuletzt den Wodka dazugeben. In heiß ausgespülte Flaschen füllen und gut verschlossen kühl stellen. Vor Gebrauch gut schütteln.

In Love with Limes!

Diese unbeschreiblich köstlichen Limes dürfen wirklich auf keiner Sommerparty fehlen. Gut gekühlt sind sie mehrere Tage haltbar und schmecken nicht nur pur oder auf Eis, sondern auch mit gekühltem Prosecco verlängert einfach himmlisch.

Himbeer-Gin & Heidelbeer-Wodka

Zutaten für ca. 2 Flaschen à 400 ml
300 g frische Himbeeren bzw. Heidelbeeren
ca. 100 g Zucker
750 ml Gin bzw. Wodka

Die Beeren mit dem Zucker in ein großes Glas füllen und für den Himbeer-Gin die Himbeeren mit Gin, für den Heidelbeer-Wodka die Heidelbeeren mit Wodka aufgießen. Ungefähr 2 Wochen ziehen lassen, dabei immer wieder schütteln. Anschließend durch ein feines Tuch filtrieren und abfüllen.

Kühl und dunkel gelagert sind beide mehrere Monate haltbar, verlieren aber mit der Zeit ihr kräftiges Beerenaroma, am besten also die Flaschen für die Cocktailsaison griffbereit halten und genießen.

Verwenden Sie beide Spirituosen für verschiedene Cocktails oder genießen Sie sie einfach mit Tonic oder Bitter Lemon und Eis.

Himbeer-Gin-Thymian-Smash

Zutaten für 1 Person
1 Zweig Thymian
6 frische Himbeeren
60 ml Himbeer-Gin
30 ml Zuckersirup
30 ml frischer Limettensaft
Eiswürfel nach Bedarf

Thymian und Himbeeren zusammen in einen Cocktailshaker füllen und gründlich zerstoßen. Himbeer-Gin, Zuckersirup und Limettensaft dazugeben, mit Eis auffüllen und kräftig schütteln. In ein beliebiges Glas mit Eiswürfeln gießen und mit Himbeeren und Thymianzweig servieren.

sowie
frische Himbeeren und Thymianzweig als Garnitur

Sgroppino

MIT HEIDELBEER-WODKA

Zutaten für 4 Personen
4 Kugeln Zitronensorbet
80 ml Heidelbeer-Wodka
gekühlter Prosecco nach Bedarf

Jeweils 1 Kugel Zitronensorbet in ein Glas geben, Heidelbeer-Wodka darübergießen, mit Prosecco auffüllen und mit frischen Heidelbeeren sowie einem Minzezweig servieren.

sowie
frische Heidelbeeren
frische Minze

Mandellikör

Zutaten für ca. 2 Flaschen à 500 ml
200 g geschälte Mandeln
200 g brauner Kandiszucker
200 ml Wasser
1 Zimtstange
1 Vanilleschote
2 Sternanis
1 Fläschchen Bittermandelaroma
700 ml Cognac

Die Mandeln grob hacken. Den Kandiszucker mit dem Wasser aufkochen und so lange kochen, bis sich der Zucker vollständig aufgelöst hat. Die Mandeln dazugeben und alles ca. 5 Minuten köcheln lassen. Den Mandelsirup in ein großes Einmachglas füllen, Zimtstange, der Länge nach halbierte Vanilleschote und Sternanis sowie das Bittermandelaroma dazugeben und mit Cognac aufgießen. Gut verschließen und an einem warmen Ort ca. 14 Tage stehen lassen.

Anschließend zuerst durch ein Sieb, dann durch ein Tuch filtern. In Flaschen füllen und gut verschließen.

Kühl gelagert hält sich der Mandellikör für mindestens 6 Monate.

Genießen Sie den Mandellikör pur oder auf Eis oder in einem leckeren Cocktail! Damit können Sie übrigens auch die wundervollen Amarenakirschen (siehe Rezept auf Seite 228) zubereiten.

Mandel-Pistazien-Biscotti

Zutaten für ca. 30 Mandelkekse
60 ml Olivenöl
170 g Zucker
Mark von 1/2 Vanilleschote
3 Tropfen Bittermandelaroma
1 Prise Salz
2 Eier
250 g Kuchenmehl
1 TL Backpulver
120 g Mandeln
80 g Pistazienkerne

Den Backofen auf 150 °C Ober-Unterhitze vorheizen. Ein Backblech mit Backpapier belegen.

Öl und Zucker mit dem Mark der Vanilleschote, dem Bittermandelaroma sowie der Prise Salz cremig rühren. Eier nach und nach zugeben und weiterrühren. Mehl und Backpulver sieben und unter den Teig rühren. Zum Schluss die Mandeln und Pistazienkerne einarbeiten.

Den Teig mit einem Löffel direkt auf das mit Backpapier belegte Backblech setzen. Und zwar so, dass dabei 2 längliche Fladen entstehen. Diese mit feuchten Händen noch etwas nachformen. Anschließend im Backofen ca. 30–35 Minuten backen. Herausnehmen und für ca. 10 Minuten auskühlen lassen. Den Backofen nicht ausschalten!

Die Teigfladen leicht schräg in ca. 1 bis 1,5 cm breite Scheiben schneiden. Diese nebeneinander auf das Backblech legen und die Kekse für weitere 10–15 Minuten fertig backen. Ausgekühlt in luftdichte Behälter füllen.

Mit einem Gläschen Mandellikör, in den Sie die Biscotti auch gerne tunken können, servieren. Ein Espresso dazu und die Welt ist in Ordnung, zumindest für diesen Augenblick!

Kaffeelikör 99

Schnell und unkompliziert zubereitet, ist dieser Kaffeelikör in jedem Fall eine Bereicherung!

Zutaten für 2 Flaschen à 400 ml
99 Kaffeebohnen – also mindestens!
100 g brauner Kandiszucker
1 Vanilleschote
700 ml Wodka

Vanilleschote der Länge nach aufschneiden. Alle Zutaten in ein hohes Glas füllen und an einem hellen Ort ohne direkte Sonneneinstrahlung mindestens 4 Wochen ziehen lassen, ab und zu schütteln. Anschließend zwei Mal durch ein Passiertuch filtern, abfüllen und vor dem Genießen noch einige Wochen kühl und dunkel lagern.

Der Kaffeelikör ist mindestens 1 Jahr lang haltbar.

Der Kaffeelikör ist nicht nur ein himmlischer Digestif, er eignet sich auch wundervoll für einen italienischen Caffè corretto, also einen Espresso mit Schuss. Oder Sie verfeinern einen Kaffee mit etwas Likör und krönen das Ganze mit einer Haube süßer Schlagsahne. Und beim nächsten Tiramisù empfehle ich Ihnen, den Kaffee für die Biskotten mit etwas Kaffeelikör zu aromatisieren, wobei wir auch schon bei meinem nächsten Rezept angelangt wären, bei dem die Biskotten nur in Kaffeelikör getunkt werden.

Tiramisù-Shots

Kleines Dessert und Digestif in einem – herrlich unkompliziert!

Zutaten für 6–8 Personen
6–8 Biskotten
1 Ei
1 Eigelb
2 EL Staubzucker
250 g Mascarpone

sowie
ca. 80 ml Kaffeelikör

Ei und Eigelb mit dem Staubzucker lange schaumig rühren. Mascarpone dazugeben und zu einer Creme rühren. Die Biskotten vierteln, die Stücke nach und nach in Kaffeelikör tunken und auf hohe, schmale Sektgläser verteilen. Sie brauchen jeweils 1 oder 2 Stückchen Biskotten, je nach Größe der Gläser. Die Creme in einen Spritzsack füllen und eine Schicht davon über die Biskotten spritzen. Weiterschichten, bis die Creme aufgebraucht ist. Zugedeckt bis zum Servieren kühlen.

Tipp: *Sie brauchen dazu wohl lange Dessertlöffel, die Sie mittlerweile recht günstig in jedem gut sortierten Supermarkt finden.*

Cremeliköre

»Allem kann ich widerstehen, nur der Versuchung nicht!«

OSCAR WILDE

Hausgemachter Baileys

Zutaten für ca. 2 Flaschen à 500 ml
250 ml Sahne
1 Dose gezuckerte Kondensmilch (ca. 400 g)
Mark von 1/2 Vanilleschote
1–2 EL Staubzucker
2–3 EL Kaffee-Schoko-Sirup (siehe Rezept auf Seite 250) oder 1 gehäufter TL Kakaopulver und 1–2 Portionen Instant-Espresso
375 ml irischer Whiskey

Sämtliche Zutaten bis auf den Whiskey in einen Standmixer füllen und für ca. 1 Minute kräftig mixen. Anschließend den Whiskey einrühren, in saubere Flaschen füllen und gut verschließen.
Der Likör hält sich gut gekühlt bis zu 4 Wochen. Vor dem Servieren immer gut schütteln.
Genießen Sie den Baileys pur, mit Eis, aber auch über Eiscremes, Kuchen, im Kaffee und vielem mehr.

Eierlikör

Zutaten für ca. 3 Flaschen à 400 ml
6 Eigelbe
250 g Zucker
1 Vanilleschote
250 ml Sahne
200 ml Milch
ca. 150 ml Wodka
50 ml Rum

Eigelbe, Zucker, aufgeschlitzte Vanilleschote, Sahne und Milch gut verrühren und über Wasserdampf langsam rühren, bis die Masse leicht andickt und ca. 80 °C erreicht hat. Temperatur reduzieren und ca. 3 Minuten weiterrühren. Vom Herd nehmen und durch ein feines Sieb gießen. Wodka und Rum dazugeben, durchrühren und die Masse kurz stehen lassen. Noch einmal durchrühren, in saubere Flaschen füllen, fest verschließen und im Kühlschrank lagern. Vor Gebrauch immer kräftig schütteln.
Durch das Erhitzen auf 80 °C werden zwar die meisten Keime zerstört, dennoch sollte der Likör innerhalb von 2–3 Wochen getrunken werden.

Dulce-de-Leche-Likör

2 Dosen gezuckerte Kondensmilch (ca. 400 g)
1–2 EL Vanillezucker
400 ml Wodka oder brauner Rum (kein Strohrum)

Die geschlossenen Dosen in einen großen Topf geben, gut mit Wasser bedecken und erhitzen. Für mindestens 2, besser 2 1/2 Stunden köcheln lassen. Anschließend im Wasser auskühlen lassen. Die Dosen öffnen, die entstandene Karamellcreme, also das Dulce de Leche, in den Standmixer oder ein hohes Gefäß füllen, Vanillezucker und Wodka oder Rum dazugeben und für ca. 1 Minute kräftig durchmixen. In saubere Flaschen füllen und gut verschließen.
Im Kühlschrank gelagert ist der Dulce-de-Leche-Likör mehrere Monate haltbar. Vor dem Servieren immer gut schütteln.
Der Likör schmeckt nicht nur pur oder mit Eis, einfach himmlisch ist eine Kugel Vanilleeis dazu. Beträufeln Sie damit auch feine Cremes, Puddings und vieles mehr.

Hot-Toddy-Likör

Hot Toddy ist ein wundervolles wärmendes Heißgetränk, das in Schottland in jedem Pub serviert wird. Allerdings die schnelle Variante, bestehend aus Whiskey, heißem Wasser, Zucker, Zitrone und Gewürzen wie Muskatnuss, Zimt und Nelken. Der angesetzte Likör muss nur noch mit heißem Wasser aufgegossen werden.

Zutaten für ca. 2 Flaschen à 400 ml

750 ml Whiskey
ca. 200 g brauner Kandiszucker
2 Zimtstangen
10 Gewürznelken
etwas Muskatnuss
2 Sternanis

Alle Zutaten in ein großes Glas füllen und für 3–4 Wochen an einem hellen Ort ziehen lassen, dabei ab und zu schütteln. Anschließend durch ein Tuch filtrieren und in Flaschen abfüllen.

Der Hot-Toddy-Likör ist mehrere Monate haltbar.

Genießen Sie diesen Likör als Hot Toddy (siehe Rezept unten) oder pur als kleinen Likör. Auch auf Eis schmeckt er wundervoll. Oder Sie süßen einfach Ihren Tee damit!

Hot Toddy

An einem verregneten oder gar verschneiten Sonntagnachmittag, vor dem Kaminfeuer, ein gutes Buch und einen Hot Toddy – herrlich!

Zutaten für 1 Person

20–40 ml Hot-Toddy-Likör
heißes Wasser nach Bedarf
1 halbe Zitronenscheibe (evtl. mit Nelken gespickt)
nach Belieben 1 kleine Zimtstange

Den Likör in ein hitzebeständiges Glas füllen, mit heißem Wasser aufgießen und mit der Zitronenscheibe sowie der Zimtstange – nach Belieben – servieren.

Tipp: *Die zusätzlichen Gewürze sind geschmackstechnisch nicht mehr nötig und erfüllen nur einen dekorativen Zweck.*

Apfelstrudel-Likör

Diese fruchtigen Liköre können Sie kalt und heiß genießen.

Zutaten für 1 Flasche à ca. 600 ml
3 große säuerliche Äpfel
150 ml Wasser
300 g Zucker
1–2 Handvoll Rosinen
1 Vanilleschote
1 Zimtstange
Zesten von 1 Bio-Zitrone

sowie
500 ml Apfelschnaps

Die Äpfel samt Kerngehäuse und Schale achteln. Mit Wasser und den restlichen Zutaten erhitzen und für ca. 20 Minuten sirupartig einkochen lassen. Ausgekühlt in ein hohes Glas füllen, mit dem Apfelschnaps aufgießen und für ca. 2–3 Wochen an einem hellen Ort ziehen lassen.

Durch ein feines Tuch filtrieren und in eine Flasche füllen.

Apfelstrudel-Likör ist mehrere Monate haltbar.

Der Likör schmeckt pur oder auf Eis einfach lecker, aber auch im heißen Tee oder gut gekühlt in einem Glas Sekt!

Zwetschkenlikör

Zutaten für 2 Flaschen à 400 ml
500 g frische Zwetschken
1/2 Vanilleschote
200 g Zucker
1 Zimtstange
700 ml weißer Rum

Die Zwetschken halbieren und entkernen. Vanilleschote der Länge nach aufschneiden. Sämtliche Zutaten in ein hohes Glas füllen und an einem hellen, nicht sonnigen Ort mindestens 5 Wochen ziehen lassen. Mehrmals schütteln.

Anschließend zwei Mal durch ein Passiertuch filtern, in kleine Flaschen füllen und noch einmal mehrere Wochen kühl und dunkel ziehen lassen.

Der Zwetschkenlikör ist mehrere Monate haltbar. Er schmeckt pur oder auf Eis einfach himmlisch.

Some like it hot

Zutaten für 1 Person
40 ml Zwetschkenlikör oder Apfelstrudellikör
1 EL Schlagsahne
etwas Zimt
und – wer mag – 1 Kugel Vanilleeis

Erwärmen Sie beide Liköre und servieren Sie diese mit einer Haube Schlagobers und etwas Zimt bestreut. Eine Kugel Vanilleeis macht den heißen Digestif zu einem wundervollen kleinen Dessert, das es in sich hat!

... und wenn Sie das alles ausprobiert und gegessen haben, dann gibt es nichts Besseres als ein Gläschen

Irischer Usquebaugh Cordial

Zutaten für 1 Flasche à 700 ml
70 g getrocknete Feigen
1 Prise Safranfäden
70 g Rosinen
30 g Orangeat
1 Zimtstange
3 EL Fenchelsamen
1 EL Muskatblüte
1 EL Anissamen
7 Gewürznelken
30 g Süßholzwurzel (aus der Apotheke)

sowie
750 ml irischer Whiskey

Die Feigen klein würfeln, die Safranfäden in 2 EL heißem Wasser kurz ziehen lassen und mit sämtlichen Zutaten in ein großes Glas füllen. Mit dem Whiskey aufgießen und für ca. 4 Wochen ziehen lassen, dabei das Glas hin und wieder schütteln.

Anschließend zuerst durch ein feines Sieb, dann durch ein Tuch filtrieren und in Flaschen füllen.

Kühl und dunkel gelagert hält sich diese kleine Kostbarkeit mehrere Monate.

Trinken Sie ihn vor oder nach einem üppigen Essen oder zwischendurch oder einfach mal so ein Gläschen – ganz nach Belieben.

MAKING OF …

»Der Mensch lebt nicht vom Brot allein. Nach einer Weile braucht er auch einen Drink.«

WOODY ALLEN

Rezeptregister

Glossar

Karotte	Möhre
Kekse	Plätzchen
Knödel	Klöße
Marillen	Aprikosen
Marmelade	Konfitüre
Nockerl	Klößchen
Orange	Apfelsine
Palatschinke	Pfannkuchen
Pfefferoni	Peperoni
Polenta	Maisgrieß
Rucola	Rauke
Sauerrahm	saure Sahne
Semmelbrösel	Paniermehl
Staubzucker	Puderzucker
Topfen	Quark
Vogerlsalat	Feldsalat
Zwetschke	Pflaume